口絵１　付録インタビューの頃の著者（2014年）

口絵２　鎌倉の鶴岡八幡宮にて（1967 年 8 月 30 日）

左よりハム神父（Fr.Heinz Hamm 1941-），著者，ケルクマン神父（Fr.Günther Kerkmann 1942-2018）。同じ航空券で 3 人一緒に来日したイエズス会士の仲間

口絵３　鎌倉の十二所にあった日本語学校（当時）の前で

左よりケルクマン神父，著者，ハム神父

口絵４　叙階式（1971 年）

東京カテドラル聖マリア大聖堂にて

口絵５　両親と共に

父 カール・リーゼンフーバー（Karl Riesenhuber），
母 リザ・リーゼンフーバー（Lisa Riesenhuber）

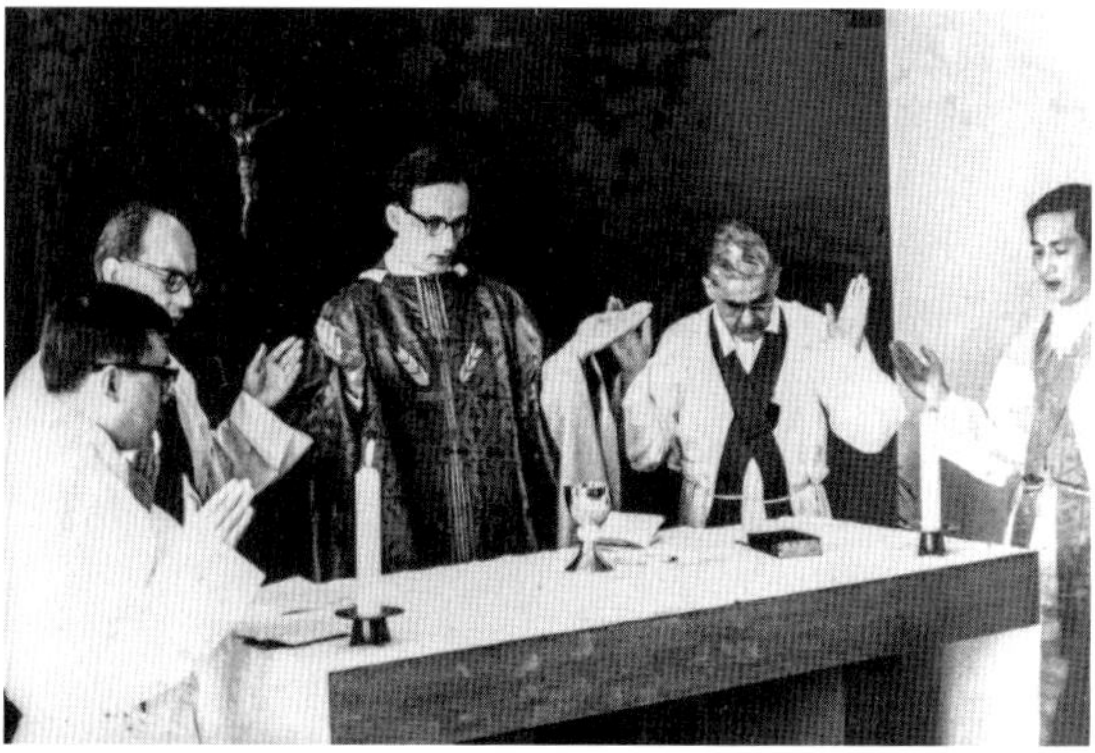

口絵６　司祭叙階後の初ミサ

クルトゥルハイム２階聖堂にて。左より高柳俊一神父（1932-），アルムブルスター神父（Fr.Ludvík Armbruster 1928-），著者，デュモリン神父（Fr. Heinrich Dumoulin 1905-95），田淵文男神父（1935-）

口絵７　叙階式の際の記念写真（1971 年）

著者（後列中央），両親（著者の両隣り），デュモリン神父（右から２人目），高柳俊一神父（左から３人目）他と共に

口絵８　クルトゥルハイムでの坐禅会
毎週月曜日と木曜日の夕方に行われていた

口絵９　ヘルムート・コール元ドイツ首相の上智大学訪問（1986 年）
前列左よりハム神父，著者，コール元首相（Helmut Kohl 1930-2017），マタイス神父（Fr. Anselmo Mataix 1928-2012）

口絵 10　上智大学中世思想研究所にて（1984 年）

口絵 11　上智大学研究室にて

口絵 12　司式中の著者

クルトゥルハイム2階聖堂にて

口絵 13　説教する著者

口絵 14　講演「キリスト教と禅の出会い」の後，上智大学構内にて（2015 年 10 月 11 日）

口絵 15　ＳＪハウス応接室にて（2015 年）

キリストの現存の経験

クラウス・リーゼンフーバー小著作集Ⅵ

キリストの現存の経験

クラウス・リーゼンフーバー小著作集　VI

知泉書館

釘宮明美　編集

キリストの現存の経験　目次

聖書略語

・聖書本文からの引用は、『聖書　新共同訳』（日本聖書協会）に基づく。ただし一部、原文に即して訳し直した箇所や、表記を改めた箇所がある。
・聖書本文から引用する際、旧約・新約聖書の諸文書名を以下の略語を使って示した。

旧約聖書

（創）創世記
（出）出エジプト記
（レビ）レビ記
（民）民数記
（申）申命記
（ヨシュ）ヨシュア記
（士）士師記
（ルツ）ルツ記
（サム上）サムエル記上
（サム下）サムエル記下
（王上）列王記上
（王下）列王記下
（代上）歴代誌上
（代下）歴代誌下
（エズ）エズラ記
（ネヘ）ネヘミヤ記
（エス）エステル記
（ヨブ）ヨブ記
（詩）詩編
（箴）箴言
（コヘ）コヘレトの言葉
（雅）雅歌
（イザ）イザヤ書
（エレ）エレミヤ書
（哀）哀歌
（エゼ）エゼキエル書
（ダニ）ダニエル書
（ホセ）ホセア書
（ヨエ）ヨエル書
（アモ）アモス書
（オバ）オバデヤ書
（ヨナ）ヨナ書
（ミカ）ミカ書
（ナホ）ナホム書
（ハバ）ハバクク書
（ゼファ）ゼファニヤ書
（ハガ）ハガイ書
（ゼカ）ゼカリヤ書
（マラ）マラキ書

旧約聖書続編

（トビ）トビト記
（ユディ）ユディト記
（エス・ギ）エステル記（ギリシア語）
（一マカ）マカバイ記一
（二マカ）マカバイ記二

（知）知恵の書
（シラ）シラ書（集会の書）
（バル）バルク書
（エレ・手）エレミヤの手紙
ダニエル書補遺
（アザ）アザルヤの祈りと三人の若者の賛歌
（スザ）スザンナ
（ベル）ベルと竜
（エズ・ギ）エズラ記（ギリシア語）
（エズ・ラ）エズラ記（ラテン語）
（マナ）マナセの祈り

新約聖書

（マタ）マタイによる福音書
（マコ）マルコによる福音書
（ルカ）ルカによる福音書
（ヨハ）ヨハネによる福音書
（使）使徒言行録
（ロマ）ローマの信徒への手紙
（一コリ）コリントの信徒への手紙一
（二コリ）コリントの信徒への手紙二
（ガラ）ガラテヤの信徒への手紙
（エフェ）エフェソの信徒への手紙
（フィリ）フィリピの信徒への手紙
（コロ）コロサイの信徒への手紙
（一テサ）テサロニケの信徒への手紙一
（二テサ）テサロニケの信徒への手紙二
（一テモ）テモテへの手紙一
（二テモ）テモテへの手紙二
（テト）テトスへの手紙
（フィレ）フィレモンへの手紙
（ヘブ）ヘブライ人への手紙
（ヤコ）ヤコブの手紙
（一ペト）ペトロの手紙一
（二ペト）ペトロの手紙二
（一ヨハ）ヨハネの手紙一
（二ヨハ）ヨハネの手紙二
（三ヨハ）ヨハネの手紙三
（ユダ）ユダの手紙
（黙）ヨハネの黙示録

キリストの現存の経験

第一章　愛《アガペ》と選択《えらび》

一　自由への召し出し

自由でありたいと望むことは、人間の心の何よりも深い叫び声である。自由な場合にのみ、人間は自分自身であることができ、自己の存在全体と意志が一致しているからである。自由であることは人間にとって所与の自然な状態であり、自己意識と不可分である。自己意識をもっていなければ、人間は自分を知ることも自分自身として把握することもできないので、数ある選択肢の中から自分という存在の意義を規定して、自分のやりたいことを選ぶことができなくなる。したがって、一方で人間は、自分の自由な状態を自ら造り出すのではなく、自由を発見してそれを受け入れる以外にない。自分を知るということにおいて、私は自己の存在を受けとめると同時に、その自己を自分の意志の支配のもとに置く。このようにして成り立っている自分を、それを選んだ自分と一致させ、自由に行動できる自己として肯定し、自由な人格へと高めたのである。

しかしながら、自由でありたいという憧れの中には、前もって与えられた自分を自分自身のものにしようとすると同時に、自分にはまさにこうした自己同一化の努力においてまだ自己が把握できておらず、その意味では有限的であるという理解が含まれている。すでに存在しながらも自己のことがまだ分からないという面でも、また主体的な自己把握の力をもちながらも十分にそれを発揮できないという面でも、不十分なのである。このようにすでに自由でありながら、まだ十全的には自由ではないという二重の自己意識が、人間の自由を基礎づけている。すでに自由であると同時に、まだ自由でない、つまり自由であるべきだという状態の中で、自己の存在の真中から完全な自由への要望が生じる。

だが完全な自由とは、有限性を超えて自己存在と自己遂行とが全面的に重なり合い、一致することを意味している以上、本来的に絶対的な存在に属するとともに、純粋な自己遂行の行為である神の有様である。それゆえ、自由の完成を求める有限的な存在は、神の存在に与って、神との関わりの中から自らの自由な存在が完成させられるのを待ち望むようになる。こうして自己超越的で、しかも受容的な憧れが湧き上がる。「被造物は虚無に服していますが、……同時に希望も持っています。つまり、被造物も、いつか滅びへの隷属から解放されて、神の子供たちの栄光に輝く自由に与れるからです」（ロマ八・二〇―二一）。

完全な自由を目指す人間の憧れは、単なる主観的な望みに留まるのではなく、人間存在に根源的に含まれた希望である。そして、その自由を従順に信じることが、人間に課せられた召し出しである。「兄弟たち、あなたがたは、自由を得るために召し出されたのです」（ガラ五・一三）。聖書によれば、キリストは完全な自由の実現を人間に可能にさせるために、人間の自由を刷新した。「この自由を得させるために、キリストはわたしたちを自由の身にしてくださった」（ガラ五・一）。つまり、圧迫と束縛から解放した。「真理はあなたたちを自由にする」（ヨハ八・三二）という約束のもとで、「子があなたたちを自由にする」（ヨハ八・三六）のである。

二　選ばれて選ぶ自由

人間は、神の恵みが与えられていても時間の中で生き、時間の中で自分自身を実現するように呼ばれている。時間は変容の次元であり、変容する時間にさらされた自由という能力は、単に不動の自己同一性を保ち続けるのではない。身の回りの時間的世界との関わりを通して、常により善い者となるために人生の意義を探りながら、主体的に決断しなければならないという課題を有している。外的な活動だけでなく、何よりもまず、すべての具体的な行動を貫いて、自由な決断こそが人生全体の方向づけと自己存在の意義づけを中心的に規定する。その際、自由意志は理性によって企図された複数の可能性に向かって決意し、多くの可能性の中から一つを選ぶことになる。人生の意義に関する自由な決心は、選択するという仕方で遂行される。この意味でイエスは、忙しく立ち振る舞うマルタの不満に対して、耳を傾けるマリアの態度を自由に選んだものとして褒めている。「マリアは良い方を選んだ。それを取り上げてはならない」(ルカ一〇・四二)。西洋思想史において、初めて自由の問題がアリストテレス(Aristoteles 前三八四—三二二年)によって主題化されたとき、彼は自由を選択という主体的な行為の分析を通して論じている。

行為の自由について、単に人間の理性と意志という二つの能力の相互関係のみから説明しようとすると、中世末期の哲学史が示すように、主意主義と主知主義のいずれかというジレンマに陥りがちである。そうなると合理的な説明か不合理的な決断主義かに至りかねず、人間の自由な自己統一という一貫性が理解しづらくなる。このように人間に内在的な側面から自由な行為について説明するのとは異なって、聖書においては、有限的な自由に過ぎない人間存在は、超越からの関わりのもとに置かれており、神の絶対的に自由な関わりのうちに包含されている。人間の自由な選択は、無内容な自由の能力のみに依存するものではない。人間の自由な努力と決心の中にも、必ずしも反省的に識別できるような仕方ではないにしても、神自身の摂理が実現している。人間は、自身で選ぶことにおいて選ばれるのである。そのように人間に対する神の選びは、この選びに対する人間の自由な受諾を含むかたちで語られている。こうした仕方で人間は、人生を自由意志のもとで計画し、方向づけようと努力しつつ、実際の人生を通して、知らぬ間に目的に向かって導かれていく。

確かに、神の選びは人間の活動に先行している。しかし、だからといって、神の意志はその必然性を人間の意志に合わせるわけではなく、むしろ人間の自由を目覚めさせる。というのも、人間は、善そのものという最終的な規範と目的のもとですべての出来事を評価し、それらに含まれる可能性への理解に従って、新しい動機を得るようになるからである。この自然な傾向は、信仰において全うされる。信じるときに人間は、最高の善が神から与えられる愛のうちにあることを知っており、そこから自由を養う希望を汲み取る。「希望はわたしたちを欺くことがありません。わたしたちに与えられた聖霊によって、神の愛がわたしたちの心に注がれているからです」（ローマ五・五）。

一見して運命のように見える出来事でさえ、信仰の目によってすべてのうちに働く神の愛を発見することができたとき、この神の選びを心に留めて、無関心に過ぎない自由な中立からは解き放たれる。そして、より大いなる神の愛に対して、よりふさわしい答えの可能性を識別し、それを選択する覚悟を抱くようになる。愛による選びに対して、愛をもって応えるためである。「わたしが今、肉において生きているのは、わたしを愛し、わたしのために身を捧げられた神の子に対する信仰によるものです」（ガラ二・二〇）。信仰において神の愛に目覚めた人は、自分を中心とする見方を乗り越えて、より大いなる奉仕を目指すことによって普遍的な視野が開かれる。その中で自らの自由な状態を、単なる自分の権利のように見なすのではなく、神のために使うことができる可能性として再発見するようになる。このような自己超越は、自分の弱さとの戦いや絶えざる努力を必要とするが、それでも愛の喜びを味あわせてくれて、人生を支えることになる。「わたしは、すでにそれを得たというわけではなく、すでに完全な者となっているわけでもありません。何とかして捕らえようと努めているのです。自分がキリスト・イエスに捕らえられているからです」（フィリ三・一二）。パウロは、自らがこの道を徹底的に選んだと述べている。「競技をする人は皆、すべてに節制します。……だから、わたしとしては、やみくもに走ったりしないし、空を打つような拳闘もしません。むしろ、自分の体を打ちたたいて服従させます」（一コリ九・二五—二七）。それは、愛のより大いなる可能性を常に優先させ、自由な心をもって選ぶことができる者になるためである。

三　キリストが自由選択の的

人間はもとより自由の能力をもって存在するが、自由な行為には、すでに人間の自然本性によって、その本来の可能性と優先的な方向づけが示されている。しかしながら、自然本性によって自由を根拠づける際には、自由な行為を逸脱から守るために、その行為がおのずとその中に留まらざるを得ない自由の範囲の限界が示される。自由以前にある人間の自然本性がもつこの二重の役割、すなわち、選択の方向づけと自己に重点を置く傾向という二重性ゆえに、超越への関りの可能性が人間において主題化されるとき、自由な行為に対する自然本性による制限はもはや機能しなくなる。ここでは悪への堕落という、人間の本性的な自己実現を妨げそれに反する行為としての消極的な可能性は、ひとまず問題外にしておく。人間の自然本性的な完成の限界を積極的に、つまり神の無限性に向かって超え出ようとする場合には、信仰における自己超越を導いていく基準と目標についての問いが生じる。

信仰において解放された自由には、他律的なもののように自由を狭めるのではなく、その完全性が保証されており、「自由をもたらす完全な律法」（ヤコ一・二五、二・一二参照）が与えられていなければならない。解放された自由にとって目標や規範となりうるのは、人間の自然本性的な自由を踏まえ、それを無限な神に向けて自己超越へと解放したものそれ自体でしかあり得ない。他のあらゆる自然本性的な、また単なる人定的な規定や基準というものは、解放された自由とは矛盾するようになる。こうして完全な自由の純粋な自己超越とは、神自身を目指している以上、それに方向と導きを与えることができるのは、ただキリスト自身のみである。キリストは、「御自分が神のもとから来て、神のもとに帰ろうとしていること」(ヨハ一三・三)を知っており、「わたしは道であり、真理であり、命である。わたしを通らなければ、だれも父のもとに行くことができない」(ヨハ一四・六)と述べている。この「信仰の創始者また完成者であるイエス」(ヘブ一二・二)は、彼が「わたしたちを自由の身にしてくださった」(ガラ五・一)ので、完成を得るように召された人間にとって、自らを無限に超える神への自己超越において第一で、そのものとして唯一の的となる。しかも、このように完全な自由を得させることは、救いとその福音の目的である以上、キリストの福音の唯一かつ包括的な内容にもなっている。パウロが強調するように「福音の真理」(ガラ二・五)が、「わたしたちがキリスト・イエスによって得ている自由」(ガラ二・四)そのもののうちにある。

イエスと共に「自由であり」(マタ一七・二六。日本語訳では「〔神殿税を〕納めなくてよい」)、この自由が元の「子」であるイエスの言葉に留まる決心を通して得られる（ヨハ八・三二参照「あなたたちは真理を知り、真理はあなたたちを自由にする」）ので、弟子はイエスに「従い」（マタ九・九）、彼に「学ぶ」（マタ一一・二九）ように招かれている。「真理がイエスの内にあるとおりに学ぶ」（エフェ四・二一）ことによって、人間は「主と同じ姿に造りかえられていきます」（二コリ三・一八）。そこで、「御子が多くの兄弟の中で長子となられるため」に、「神は前もって知っておられた者たちを、御子の姿に似たものにしようとあらかじめ定められました」（ロマ八・二九）。このように「御子に似た者になり」（一ヨハ三・二）、「キリストを着て」（ガラ三・二七）、彼に「仕えようとする」（ヨハ一二・二六）ことこそが、「子」の自由に与る道となることであって、人間の究極的な目的なのである。

四　愛を生きるイエス

神との関係を求めてイエスを信じ、彼に従おうとする人は、このような決心のもとで、果たして実質的にどのような課題を選んだのであろうか。それはイエスの生活の具体的あり方をそのまま真似するのではなく、むしろ、イエスの心を動かした精神を自らのものにするという課題にほかならない。「わたしたちはキリストの思いを抱いています」（一コリ二・一六）。この思いとは、イエスがヨハネから洗礼を受け、「あなたはわたしの愛する子」（ルカ三・二二）という声がイエスの心に響いて以来、イエスに「聖霊によって……注がれ」た「神の愛」（ロマ五・五）に基づく思いである。そのときからイエスは、「神の慈しみと、人間に対する愛の現れ」（テト三・四）となった。この愛の「火」を地上に投ずるために（ルカ一二・四九参照）、イエスは福音を伝え、「父のもとへ移る」ときが来るまで、「世にいる」わたしたちを「愛して、この上なく愛し抜かれた」（ヨハ一三・一）。さらに最後の晩餐で、御自分のこの愛を互いに生きるようにと弟子たちに命じて、愛に基づく共同体を基礎づけたのである。「わたしがあなたがたを愛したように、互いに愛し合いなさい」（ヨハ一五・一二）。そして、信じる者たちのこの共同体を、「わたしたちの主、キリスト・イエスによって示された神の愛」（ロマ八・三九）によって生かした。すなわち、イエスは祈っているように、御自分の人生と活動の全体は「わたしに対するあなたの愛が彼らの内にあり、わたしも彼らの内にいるようになるため」（ヨハ一七・二六）に行われたのである。

愛に生き、愛を広げようとする人は、自分のことを前面に出すよりも、自分が大切にする方に向けて集中して話す。イエスも自分自身の愛にはめったに言及することなく、むしろ神の愛と人々への愛をメッセージの核心に位置づけた。まさにそうすることによって彼は、図らずも自分の自画像を残したのである。「律法全体と預言者」（マタ二二・四〇）を唯一に重要な二重の掟へと還元することによって、イエスは間接的にではあるが、自分を「人と共にいる」（黙二一・三）神の愛の到来として現しているのである。「神は、独り子を世にお遣わしになりました。……ここに、神の愛がわたしたちの内に示されました」（一ヨハ四・九）。

人間に対する神の関わりが無償の愛に尽きるという理解に基づいて、イエスは旧約聖書（出三四・六、申六・五）、特に預言者（ホセ二章参照）の教えを受け継いで、それを卓越したかたちで自分の人生を通して実現した。「神は、その独り子をお与えになったほどに、世を愛された」（ヨハ三・一六）。ここで、「あなたの愛する独り子イサクを……捧げなさい」（創二二・二）と言われたアブラハムは、神の（逆接的な）暗号として、イエスの生涯と死を通して実現された「御子をさえ惜しまず死に渡され」（ロマ八・三二）、そしてそれによってすべてを、まず自分自身を超え出る父なる神の無制限な博愛を浮き彫りにする。この愛から範をとってイエスは、神から自分に課された課題を理解し、最後の晩餐で弟子たちに贈り物と課題として与えたのである。「わたしがあなたがたを愛したように、互いに愛し合いなさい。これがわたしの掟である。友のために自分の命を捨てること、これ以上に大きな愛はない」（ヨハ一五・一二―一三）。

イエスが理解し実現した愛は、他者のために自分自身の一切を賭ける保留のない自己規定である。それゆえこうした愛の実現は、愛するほうの感情や状況によって根拠づけられたり、制限されたりすることは一切なく、また自然に湧き上がってくるものでもない。それは自由に識別され、選択され、決心されるのであり、根本的な決断による。この決断と実行を支えるのは、人間の限られた自己中心的な力ではあり得ず、人間の自由を通して働く神自身の愛の現存なのである。「愛は神から出るもので、愛する者は皆、神から生まれ、神を知っている」（一ヨハ四・七）。受難という深刻な事態に臨んで言われたイエスのいわば遺言は、すでにイエス自身によって全く同じ意味で、山上の説教に集まった一般の人々に向かっても述べられている。「わたしは言っておく。敵を愛し、自分を迫害する者のために祈りなさい。あなたがたの天の父の子となるためである。……あなたがたの天の父が完全な者であるように、あなたがたも完全な者となりなさい」（マタ五・四四―四五、四八）。後にイエスが述べる「追剝に襲われて……半殺しに」されたユダヤ人を助けたサマリア人のたとえ話においても（ルカ一〇・二五―三七参照）、イエスは、愛がどこまで及ぶのかを敵に対する愛の具体例を通して明らかにする。サマリア人たちはユダヤ人たちによって虐げられ、軽蔑された者であったので、ユダヤ人を敵と感じ取らざるを得なかったからである。

この教えの中でイエスは、たしかに「愛」や「友である」（ヨハ一五・一四）ことについて語ってはいる。しかしそれは決して、人間にとって自然な愛情から出発して、それを無限に深めていくのではないことは明らかである。むしろイエスは、最も完全で最高の純粋な愛を愛そのものの本性と規範と見なし、全く無償に「良い物を与える」（ルカ一一・一三）ことを、愛そのものの基本的で第一の性質と考えている。「人の子は仕えられるためでなく仕えるために、また、多くの人の身代金として自分の命を捧げるために来たのである」（マコ一〇・四五）。この態度は自分自身を視点とし、尺度とする自然な人間の在り方にとっては、どうしても分かりづらい。イエスの言うように、彼らには、愛という「天の国の秘密を悟ることが……許されていない」（マタ一三・一一）。イエスの説く愛は、その本質を生得的な観念のように、人間が自分のうちに眺めることができるようなものではないからである。むしろ、純粋な愛が無償で与えられるときに、初めて人間に愛そのものが本質的に何であるのかが分かるようになる。「彼（日本語訳ではイエス）は、わたしたちのために、命を捨ててくださいました。そのことによって、わたしたちは愛を知りました」（一ヨハ三・一六）。パウロに見られるように（ロマ五・五―八参照）、ここでも神の愛とイエスの愛が区別なく一つのものとして語られ、さらにイエス（の受難と死）のうちに、初めてその本質が露わになっていることが言われている。つまり、イエス自身が自らを与える神の愛の表現と実現そのものであることが意味されている。

五　愛の諸特徴

イエスの口には「愛」という言葉はあまり多くは上らないが、それが実際に使われる場合には旧約聖書の言葉遣いに従って、神への無償の愛と隣人に対する具体的な愛、またそれらの重要性と不可分性、そして神への愛の先駆性が強調されている。とはいえ、両方が同一視されたり、互いへと還元され、解消されたりすることは全くない。神は人間の全面的信頼と愛に値する父であることが主張され、人間にとって第一の相手と見なされる。このように、二つの愛の性質には異なる側面があるのを前提としたうえで、双方には多くの類似点も認められる。すなわち愛するとは、憐れむこと、心を開くこと、共に喜ぶこと、友人となること、与えること、相手の声に耳を傾けること、特に「仕える」ことである。パウロもまた「愛の賛歌」において、愛に伴ういくつかの典型的な態度を挙げている。「愛は忍耐強い。愛は情け深い。ねたまない。愛は自慢せず、高ぶらない。礼を失せず、自分の利益を求めず、いらだたず、恨みを抱かない。不義を喜ばず、真実を喜ぶ。すべてを忍び、すべてを信じ、すべてを望み、すべてに耐える」（一コリ一三・四―七）。愛の中にある地味ではあるが明らかに没我的な性質を踏まえ、消極的で破壊的なあらゆる傾向性を乗り越え、自らを賭けて（「忍び」「耐える」）、包括的に（「すべて」）志すべきものが描かれている。

愛する心から芽生える諸徳のこのような内容的な記述以上に、イエスの発言に含まれる愛の本質的な形態に関わる特徴づけが、愛の神秘を露わにする。愛の掟は、確かに律法的な規定を超えて人間の目指すべき努力の目標を表現しているが、その尺度は人間の自然本性的で有限的なあり方からは捉えられず、イエスにあっては、神の存在が無制約的であると同様に、全く無条件的なものとして表現される。神の愛は本質的に絶対的である以上、人間は神の呼びかけに向かって、神と自分の利益とのどちらかを選ぶように促されている。「だれも、二人の主人に仕えることはできない。……あなたがたは、神と富とに仕えることはできない」（マタ六・二四）。神を愛することは神に仕えることなのであるが、この奉仕においては神の意志のみが規範となる。「何よりもまず、神の国と神の義を求めなさい。そうすれば、これらのものはみな加えて与えられる」（マタ六・三三）。それゆえ、御旨を果たす際、またイエスに従う際に、弟子は侮辱や迫害を受けることを恐れてはならない。「義のために迫害される人々は、幸いである、天の国はその人たちのものである。わたしのためにののしられ、迫害され、身に覚えのないことであらゆる悪口を浴びせられるとき、あなたがたは幸いである」（マタ五・一〇―一一）。

神への愛が無制約であるように、人間への愛も、その内容に関して言えば、相手にとってためになりうるあらゆるものを捧げ、無制限である。「人にしてもらいたいと思うことは何でも、あなたがたも人にしなさい」（マタ七・一二）。イエスがなさったように、弟子も助けを必要とする人のためならば、持っているものをすべて、自分の命までも進んで相手に与えるはずである。旧約の隣人愛が、同じ民族やイスラエル人の間で生活する外国人に限られているのに対し、弟子は、愛することにおいてイエスと共に神に倣うのだから、その愛の範囲に関しても無制限で普遍的なものである。それは、あらゆる人に与えられるべきである。「あなたがたも聞いているとおり、『隣人を愛し、敵を憎め』と命じられている。しかし、わたしは言っておく。敵を愛し、自分を迫害する者のために祈りなさい。あなたがたの天の父の子となるためである。父は悪人にも善人にも太陽を昇らせ、正しい者にも正しくない者にも雨を降らせてくださるからである」（マタ五・四三―四五）。

信仰において得られた全面的な自由（ガラ五・一、一三、一八）は、隣人愛の掟によって制限されるというよりも、むしろ進んで奉仕する愛によって、人間が自己中心的な態度から解放され、自由として完成されていく。「兄弟たち、あなたがたは、自由を得るために召し出されたのです。ただ、この自由を、肉に罪を犯させる機会とせずに、愛によって互いに仕えなさい。律法全体は、『隣人を自分のように愛しなさい』という一句によって全うされるからです」（ガラ五・一三―一四）。

愛は、神と御子キリストを愛し、さらに「神の子供たちを愛する」（一ヨハ五・二）ことのうちにその目標へと至るが、まさにこの自己超越的な動きが人間の内的な完成を成す。こうして自分自身を渡すことにおいて、神への愛と隣人愛は一致する。ゆえに、パウロは神への愛と隣人愛を分けて考える以前に、愛そのものを無制約的な最高の賜物とし（一コリ一二・三一、一四・一参照）、信仰と一致する愛の働きを唯一に重要な完全性と見なすのである。「キリスト・イエスに結ばれていれば、……愛の実践を伴う信仰こそ大切です」（ガラ五・六）。どんな知識や能力、どんな善行や完全な信仰でさえ、それらよりも愛のほうが勝るばかりか、愛なしにはそれらのすべては「わたしに何の益もない」（一コリ一三・一―三参照）。つまり、人間は「愛がなければ、無に等しい」（一コリ一三・二）。

「霊に基づく」（コロ一・八）この愛は、神の存在が人間を生かすことから湧き上がるので、愛こそ、人間を神の子とし、「新しく生まれさせ、新たに造りかえる」「救い」（テト三・五）の実現である。この愛は「霊が与えてくださる」（ロマ一五・三〇）のだから、それに「喜び、平和、寛容、親切、善意、誠実、柔和、節制」（ガラ五・二二―二三）が伴う。これらの「霊が結ぶ実」（ガラ五・二二）を通して「霊こそは、わたしたちが神の子供であることを、わたしたちの霊と一緒になって証《あかし》して」（ロマ八・一六）、希望をもって生きる力を与える源になるのである。

第二章　規範であるキリスト

一　自己への問い――規範への問い

人間とは、世界の只中に生きながら自己意識を持つ者と言えよう。どのようなことを考え、何を成すとしても、私たちは自分がそれを成すことを知っている。だが、この自分とは何かということを初めから知っているわけではない。むしろ、人生のさまざまな苦労を通して本当の自分を問い求めており、最終的には、人生の戦いを終えた後に自分の「名」を与えられ、知らせていただくことになる。「勝利を得る者には……白い小石を与えよう。その小石には、これを受ける者のほかにはだれにも分からぬ新しい名が記されている」（黙二・一七）。人間は生きている間、自分の名を、言い換えれば本来の自分を探し続けている。なぜなら人間には理性が具わっており、この理性があらゆる現実や可能性に開かれていながらも、存在全体の中で自分にあるべき位置づけを求めているからである。

人間が理性を有している以上、基本的にただの偶然的な場に落ち着くことはできず、すべての経験と出来事を貫いて究極的な規範を探し求めている。そうすることで、真なる自己とその課題を発見しようとする。人間にとって規範となりうるのは、理性的な存在にふさわしく、それ自体で無制約的な意味をもっている第一の存在以外にはあり得ない。しかも自らの自律を意識する人間にとっては、この第一の存在は外的なものではなく、自分自身の起源となるものにほかならない。

とはいえ、人間がこのように自己を探求することで神を目指す——たとえ隠れたかたちであっても——のは、神を知ることにおいて、自分自身の本来的で究極的な在り方を見つけることができるということが、分かる限りにおいてである。人間が神を自分の起源と目標として、さらに自らの自律的な自由の根拠として自覚していることは、前反省的な仕方であっても、聖書に物語られている人間の創造の場面で暗示されている。「神は御自分にかたどって人を創造された。神にかたどって創造された」(創一・二七)。ゆえに神が「すべての人に命と息……を与えてくださるのは、……人に神を求めさせるためであり、また、彼らが探し求めさえすれば、神を見出すことができるようにということなのです。実際、神はわたしたち一人一人から遠く離れてはおられません」（使一七・二五―二七）。ギリシアの詩人たちが「『我らは神の中に生き、動き、存在する。』『我らもその子孫である』」（使一七・二八）と似た内容で歌い、聖書の詩編作者も「人の子は何者なのでしょう。……神にわずかに劣る者として人を造り、なお、栄光と威光を冠としていだかせた」（詩八・六）というように、神に対する人間の近さを讃えている。神を探求することは、人間の精神的な活動の隠れた原動力である。このように人間は、生涯にわたってあらゆる思いと自由な行為において、神とは、すなわち起源であり目標であり規範である根源的な存在とは、いったい何であるのか、人間とどのように関わっているのか、いかなる道で神の理解に到達できるのかと問い、自らをこの問いに向けて投企しつつ探求してきた。根源に対するこのような問いが、人間の自己形成への問いの中核を成している。

だが、規範ないし尺度そのものは、ギリシアの最も古い思想によるならば、最も善きものであり、世界全体の秩序を成し、調和と美しさの源であった。人間による探求に先立って、この規範が存在し、人間をこの規範自体へと引き寄せることを通して、規範のもつ善き力が顕わになる。それにもかかわらず、人間は自らの自律ということを誤解し、自己の勝手な主張によって規範との関係を逆転させてしまう。つまり、自己をその規範と同一視し、傲慢にも規範を自分自身へと還元してしまう危険に直面する。こうしてソフィストであったプロタゴラス（Protagoras 前四八〇頃―四一〇年）は、「人間はあらゆるものの尺度である」と唱え、存在を人間へと相対化したのだった。また「創世記」においても、悪の起源を象徴する蛇が、人類の祖先に対して「神のようになる」善悪の知識を約束し、人間がそれを選択した結果、規範に向かうべきはずの人間の自己超越は打ち消され、世界の秩序に混乱を来たしたことが告げられている。このように、真理の逆転によって神の似姿としての人間の在り方が曇らされ、アウグスティヌス（Augustinus 三五四―四三〇年）の言葉によれば、人間は神に類似した在り方から「非類似性の地」へと追い出された。かくして人生の規範である神を見失った人間にとって、神に対する無限な開きが意識され始める。「神を見た者はいない」（ヨハ一・一八）し、神は「近寄りがたい光の中に住まわれる方、だれ一人……見ることのできない方です」（一テモ六・一六）。

二　神の隠蔽性

人間は罪によって神との親密な関係が不可能になったが、まさにこの堕落によってこそ、自らの自然的な状態での限界と無力に気づき始める。同時に、神の不可解さとその隠蔽性にも苦しむようになる。「存在したことは、はるかに遠く、その深い深いところをだれが見出せようか」（コへ七・二四）。その偉大さゆえに、神と神の計画は人間にとって探りがたい暗闇となる。「まことに神は偉大、神を知ることはできず、その齢を数えることもできない」（ヨブ三六・二六）。神は「周りに闇を置いて隠れ家とし」（詩一八・一二）、その「顔を隠す」（申三一・一七）。この状態において神は、世界と世界に具わるあらゆる可能性をただ相対的に超えるだけでなく、超越そのものとして把握不可能な無限性において隠れたまま露わになる。こうして人間のうちに、神の無限性と超越に対する覚醒が芽生えるとともに、自分自身に対する無理解と人生の規範たる者に対する無知とが、苦しくとも意識されざるを得なくなる。人間は神の不在に直面して、神のことを知を通して確認しようとする。その際、最高の神理解であっても「それより偉大なものは何も考えられ得ない何ものか」（カンタベリーのアンセルムス〔一〇三三／三四―一一〇九年〕『プロスロギオン』二章）であり、しかもまさにそのものとして「考えられうるよりも偉大なものである」（同一五章）ことに尽きている。それゆえ人間の知は、世界に対する超越という意味では、あらゆる世界内的な完全性に対する否定を通して、間接的に神を主題化しようとした。このような「否定神学」の道は、教会の公会議によってさえ正当なものとして承認された。「創造主と被造物の間に、非類似性がより大きくないほどの類似性は認められない」（第四ラテラノ公会議、一二一五年、DS 八〇六）。

すべての尺度を超える神の偉大さは、存在論的な領域に制限されることなく、特に倫理的な完全性に関して最も顕著であろう。この意味で預言者イザヤは「聖なる、聖なる、聖なる（万軍の）主」と唱える天使の声が聞こえたとき、自分の罪深さが思い起こされたのだった。「災いだ。わたしは滅ぼされる。わたしは、汚れた唇の者」（イザ六・三、五）。倫理的な善さにあっては、この善さの中にのみある完全性は絶対的である。なぜなら、この完全な善さと対立するものを無条件的に排除するからである。そのため超越する神に近づこうとする人間には、心を入れ替え、行いを正すことが何よりも求められる。いや、ただそれだけが促されているのである。「神に逆らう者はその道を離れ、悪を行う者はそのたくらみを捨てよ」（イザ五五・七）。

三　神の存在の解釈としての人間

神が存在論的にも道徳論的にも絶対的に超越しているために、人間は、神との関係から断ち切られているかのように思われるかもしれない。人間は無限に向かって開かれていながらも、一見して包括的で無際限な神の暗闇の中では、生活上の具体的な規範を識別することはできない。たとえそれを理解することができたとしても、無限の完全性を自分自身の限られた力で実行できる見込みもない。しかし、人間は自己意識と自由を有しているので、いかなる自由な思いと行いにあっても、自らの思惟と存在をもって無限な存在や完全性への関わりを持たざるを得ないだろう。さらに、この無限に対し前反省的・超越論的な仕方で肯定し、それに近づいていこうとする。すなわち人間は、自らの存在を根底から動かす力動性に基づいて、この自然本性的な必然性のうちに、そして真実で善き意志を持とうとする限りにおいて、また意志的な努力で善を目指そうとする限りにおいても、善なる存在する者へと関わり、それを人生の基本として認めようとするのである。したがって、人間の心と実際の生活は常に善さそのものを、根源的には神の存在そのものを、人生の規範として解釈しようとする試みと考えられよう。そこにおいては、個々人が存在である神の現れの場、もしくは現存（現‐存在）であろうとする可能性を帯びている。

人間と神とのこうした関係は、自己理解と自己形成の根本的テーマとして認知されている。これは人間同士の関わりにおいても同様である。人は他者と交流する際、自分の限界を意識する一方で、人間としての尊厳に基づいて、自分を無条件的な尊厳を持った存在として相手から認めてもらう権利を有すると理解している。そして、それにふさわしい扱いを相手に対して正当にも期待している。人間の存在は有限的で必ずしも必然性をもつものではないが、それにもかかわらず、この期待の中には自分が人間である以上、人間は無制約的な存在である神の現れの場であり、神の似姿の現存であるという自己理解が反映されているのである。自分自身と他人を人間としての尊厳と権利に基づいて承認するだけではない。人間は、親子の関係に見られるように保留なしに相手を大切にし、相手の限りない幸福を願ってそのために力を尽くし、助けになろうとすることがあるが、このような理解のうちには、相手と関わる中に無限の意味と喜びの源があり、それによって自分自身が充満に与り、消し去ることのない意義を得ることができるという実感が生きている。相手との出会いにおいて、そのさまざまな限界にもかかわらず、そこに神が具現するという根源知が呼び覚まされるのである。このように人間同士の関わりのうちに潜み、そこで感じられる人間と神との関わりこそ、イエスの理解によれば、自らの姿において基礎づけられ、完成へと導かれていくものであった。「わたしを見た者は、父を見たのだ」(ヨハ一四・九)。

四　神の超越とイエスの人間性――非類似から類似へ

さて、人間において神が顕わになるという可能性は、今やより根本的に神の側から解明されるべきであろう。その際、単なる神の概念から思弁的に考察するよりも聖書の言葉、特にイエスの自己理解から出発するのがよい。

イエスは、彼に固有な唯一の神との関係を人々に理解させるため、神内の存在からでもなく、また人間の本質からでもなく、ただ神の言葉から説き明かそうとする。「あなたたちの律法に、『わたしは言う。あなたたちは神々である』と書いてあるではないか。神の言葉を受けた人たちが『神々』と言われている。そして、聖書が廃れることはあり得ない。それなら、父から聖なる者とされて世に遣わされたわたしが、『わたしは神の子である』と言ったからとて、どうして『神を冒瀆している』と言うのか」（ヨハ一〇・三四―三六）。ここで神の言葉は、最も根源的な意味で神の自己伝達ないし自己表現として語られている。それはまた、神から出て世界に入って行く行為、すなわち御旨の実現となる。「わたしの口から出るわたしの言葉も、むなしくは、わたしのもとに戻らない。それはわたしの望むことを成し遂げ、わたしが与えた使命を必ず果たす」（イザ五五・一一）。この言葉は、中心的には愛の掟（マタ五・四四参照）によって、だれでも「天の父が完全であられるように……完全な者」（マタ五・四八）となるように呼ばれていることを告げる。人間とは無限に異なる超越である神が、御旨の自己表現（であるイエス）を世界に送り込むことによって、その受け入れ手である人間が神に対する自然な隔たりを超えて、神の中から生まれ変わり（ヨハ一・一二、三・五参照）、この父なる神と合致して子として生きる可能性が言われている。この可能性はキリストにおいて本来的に実現されているが、キリストを信じる人のうちに、現在の生においても完全な仕方で永遠の命において成就される。「わたしたちは、今すでに神の子ですが……御子が現れるとき、御子に似た者となるということを知っています」（一ヨハ三・二）。

神に対する非類似性が「御子に似た者となる」ことによって乗り越えられるのは、人間に対する神の本来の意図であることをパウロは主張する。「神は前もって知っておられた者たちを、御子の姿に似たものにしようと、あらかじめ定められました」（ロマ八・二九）。これはキリストが「見えない神の姿であり……万物は御子において造られた」（コロ一・一五―一六）ゆえに、創造を含む信仰のメッセージの全体が「神の似姿であるキリストの栄光に関する福音」（二コリ四・四）に尽きるということを意味している。「御子は、神の栄光の反映であり、神の本質の完全な現れ」（ヘブ一・三）であるから、信じる人間はキリストに似るようになることによって、創造されたその存在と恩寵において神自身の似姿へと高められる。罪と死における非類似性は、類似の中へと「呑み込まれ」（一コリ一五・五四）、止揚される。このように完成における神との親しい類似は、創造によって根拠づけられた神の似姿（創一・二六参照）による類似をはるかに超えて、もはやそこに非類似を対立するものとしては含まない。あらゆるものに先立ってある――存在論的ないし道徳論的――非類似を、このキリストとの関係のうちに、それを基礎づける要素として受け入れているのである。ここにおいては、世界を超える神の偉大さが人間に対する距離を意味するのではない。そうではなく、神が人間をしてまず、あらゆる存在するものに対して「最も内的に現存する」（トマス・アクィナス〔Tomas Aquinas 一二二四／二五―七四年〕）ことを可能にさせている。しかもすでに見てきたように、神の超越的偉大さの中心は単にその絶対的存在にあるというよりも、むしろ人間の期待を完全に凌駕した善良な自由意志のうちにその焦点と目的を有している。この意味において、すでにイザヤは神が赦そうとすることこそ、神の卓越さの焦点であり、その証明と見なしている。「主を尋ね求めよ、見出しうるときに。……主に立ち帰るならば、主は憐れんでくださる。わたしたちの神に立ち帰るならば、豊かに赦してくださる。……わたしの道はあなたたちの道と異なると、主は言われる。天が地を高く超えているように……わたしの思いは、あなたたちの思いを、高く超えている」（イザ五五・六―九）。

神の意図はイエスのうちに実現され、明らかとなる。「キリストは……二つのものを一つにし、御自分の肉において……隔ての壁を取り壊し……遠く離れているあなたがたに……平和の福音を告げ知らせられました」（エフェ二・一四、一七）。神がその卓越した力をキリストにおいて使うのは、人間を「支配し……権力を振るう」（マタ二〇・二五）ためではなく、つまり「仕えられるためではなく」（マタ二〇・二八）、「皆に仕える者」（マタ二〇・二六）となるためである。それゆえに「キリストは、神の身分でありながら、神と等しい者であることに固執しようとは思わず、かえって自分を無にして、僕の身分になり、人間と同じ者になる」（フィリ二・六―七）ために用いられた。イエスの受難において自己無化までに深まったこのへりくだりの「愚かさ」と「弱さ」（一コリ一・二四―二五）を、パウロは「神の力、神の知恵」（一コリ一・二四―二五）と言うことができた。それはまさに「言《ことば》が肉となった」（ヨハ一・一四）ことにおいて、神のこうした自己規定と自己啓示を通して、神が人間に対する純粋な「愛」（ロマ五・五）となったからであろう。無限で他のものに一切依存しない自己同一的な存在のみが、自己を完全に放棄した愛によって生きることができるからである。

愛は、愛された相手に対して愛する自分の優位性を忘れ、相手の最低の状態にまで自ら等しくなろうとする。それによって相手の苦労を自分のうちに受け入れ、癒すとともに、自分の豊かさを相手に譲り与えようとする。愛というものは、そのような努力でもある。「それで、イエスは……すべての点で兄弟たちと同じようにならねばならなかったのです。事実、御自身、試練を受けて苦しまれたからこそ、試練を受けている人たちを助けることがおできになるのです」（ヘブ二・一七―一八）。超越的で絶対的な全能の存在が、進んで僕《しもべ》になりきる。人間に対する神の非類似性は、純粋な愛になる以外に何ものであろうと欲することはない。かかる存在の仕方で目には隠れた「神の神秘」（コロ二・二）がキリスト自身であるということを、霊によって導かれた信じる心は悟ることができる。すなわち、キリストが御自分の人間性によって、教えと行いと受難を通して開かれたこの神理解は、神の存在とその御旨を「権威ある者として」（マタ七・二九）解釈することを許す。さらに復活において御父によって承認されたこの神理解は、人間に対して罪の赦しだけでなく、それ以上に神に適った新しい生き方の究極的な規範を示している。「あなたがたは、わたしたちの主イエス・キリストの恵みを知っています。すなわち、主は豊かであったのに、あなたがたのために貧しくなられた。それは、主の貧しさによって、あなたがたが豊かになるためだったのです」（二コリ八・九）。

受肉に始まって受難に全うされる自己無化によってイエスは、自らの人間性さえも神と不可分に一致しながら、あらゆる人と一致し、それによって人間を神との一致に導き入れることができたのである。かくして神と人間の間の非類似性の深淵が架橋される。「父よ、あなたがわたしの内におられ、わたしがあなたの内にいるように、……彼らもわたしたちの内にいるようにしてください」（ヨハ一七・二一）。同時に、イエスが父との一致を自らの人間性においてその従順によって（ロマ五・一九参照）実現し、表現したことで、人間そのものの在り方を神との一致に向かって開くとともに、それを解明しえたのである。「キリストは御子であるにもかかわらず、多くの苦しみによって従順を学ばれました。そして、完全な者となられたので、御自分に従順であるすべての人々に対して、永遠の救いの源となった」（ヘブ五・八―九）。

人間の本性に対し、人間が神に似る者として神に近づいていくのは、人間の自然な力によるものではなく、キリストが「天からの第二の（つまり完全な）人」（一コリ一五・四七参照）であることに基づいている。それゆえ、イエスが「造り主の姿に倣う新しい人」（コロ三・一〇）の原型となり、「わたしたちは、土からできたその人（アダム、自然な人）の似姿となっているように、天に属するその人の似姿にもなるのです」（一コリ一五・四九）。「『人の子』のような者が……『日の老いたる者』の前に来て……権威、威光、王権を受けた」（ダニ七・一三―一四）。こうして受難に向かってエルサレムに入ったイエスは、「お前の王が……おいでになる。柔和な方で、ろばに乗り、荷を負うろばの子、子ろばに乗って」（マタ二一・五）と歓迎されもするが、むしろ「いったい、これはどういう人だ」（マタ二一・一〇）と驚きを惹き起こす。また、茨の冠を頭に載せられ紫の服をまとわされて（ヨハ一九・二―三参照）、「見よ、この人だ」――「それは人間だ」――（ヨハ一九・五）と王と認められ、まさにこのようにして「小羊は、……王の王だから……打ち勝つ」（黙一七・一四）のである。「人の子は栄光に輝いて……その栄光の座につく。……王は答える。『……わたしの兄弟であるこの最も小さい者の一人にしたのは、わたしにしてくれたことなのである』」（マタ二五・三一、四〇）。なぜならへりくだる者は、与えることを誇りと思うのではなく、どんな人とも心を一つにしてだれかに与えられた助けをこそ、自分にしていただいた恵みとして感謝する「子」——人間の子と神の子——だからである。

第三章　心の根底

一　自己認識という課題

私たち人間の一人ひとりは自分自身を知っている。この認識は、周囲のものを知ることとは違っているし、数や理念のようなものを理解することとも異なっている。一般的に言えば、私にとっての何らかのものをだれもが私と同じように知ることができるということであり、まさにこのことに基づいて言葉が、つまりは対話が可能となっている。対話をするとき私たちは複数でありながら、同じものについて話しているからである。しかし、私を私として知るのは私だけであり、他のだれも私を「私」と呼ぶことはできない。この意味で一人ひとりは「単子《モナド》」（ライプニッツ〔Gottfried Wilhelm Leibniz 一六四六―一七一六年〕）、「単独者」（キルケゴール〔Søren Aabye Kierkegard 一八一三―五五年〕）なのであって、単なる対象のように数えられ分類されうるものではない。

知ることは知られるものが何であるか、その本質を知ろうとすることであるはずである。だが、自分を知る私は、自分が何であるか、自分の本質的存在を知らない。そればかりか――自分が時間的存在である以上――、自分がそこから成っている起源およびそれに向かっていく未来を知らないし、今ここに現存している自分さえも非常に不完全なかたちでしか知らない。そしてこの無知を自覚しながらも、容易にそれを克服することができないでいる。

しかし、こうした無知のままで済ませるべきでないことも、私は知っている。自己意識をもっている者として、自分に対して意識をもっている限り――たとえわずかであるかもしれないが――において、自分が自分に委ねられており、自分自身へと能動的に自由に関わることができる。自分は自分自身にとって無関心な対象ではなく、他と一律のものでもあり得ない。あらゆる命は、その担い手の本来的な自己関心に基づいて自己保存と自己発展を目指しているが、私たちは自己をその意識的な自己同一のゆえに代替不可能な存在であり、自己に固有な意志によっては成立しえない存在であることを知っている。それゆえ私たちは自己に対して責任をもち、自分の自由において自己の存在を肯定し、守るべきであることを理解しているのである。

自分を知ることは一人ひとりにとって本質的な事実であり、基本的な課題である。ゆえに自己認識は、ただ「人間とは何か」を客観的に定義し、あるいはそのさまざまな特徴を列挙するだけに留まるものではない。かけがえのない自己を、その唯一性と心に具わっている深みにおいて、まさに自己として自覚しようとするのである。この自己探求は、理論的・推論的な要素を含みながらも、自己の基盤の発見を目指して根源的に自己遂行的な性質をもつ。すなわち、自己を発展させるという自己遂行である。

この認識する営みにおいて、人間は世界への能動的な関わり以前にある自己を見極めようとするので、反省を通して自分の意識的な活動すべての根源に立ち戻る。言い換えれば、対象的な認識の仕方から退いて自分の内面に立ち帰ろうとする。そこで人間は直接に反省可能な、あるいは潜在的な、意識的な自己の内なる起源に焦点を絞って理解しようとし、それを自分に対して言表することで顕わにしようとする。意識のこうした自己把握の試みは、人間の存在を遂行しながらそれを経験的に知るようになるため、その探求は明確な結論には至らず、示唆的な言語を用いてまずは自分自身に対して解明するものである。そのうえで、聞き手や読者を同じような本来的な自己発見へと導こうとすることもありうるだろう。

二　自己探求への出発

こうした自己探求に言葉による表現、ならびに言語による伝達と交流が可能であるのは、そこに理性的な働きが常に伴っているからである。この探究は心から湧き上がる憧れの衝動から始まるが、理性においては問いというかたちをとる。だが、それはいつも同じ焦点を目指しながらも、先取りして目指しているこの焦点——つまりは心の根源的な中心——に向かって徐々に深まっていくので、それに明確な概念を与えることは期待できない。私たちの自己は常に問うている。自分が根本的に何者であるのか、本来的に何であるべきなのか。自己の中心と根拠がどこにあるのか、自分は何を求め、また求めるべきなのか。自分の全存在を何に向けるのがよいのか、そして自分を何者に、あるいはむしろだれに委ねるべきなのか。このような問いの根源的な力と光に晒されると、すべての世界内的で有限的な存在の規範性は色あせてしまい、脇に置かれるべきものとして露わになる。そうしてついにこの種の規範性は、心の視野から立ち去らざるを得なくなり、より深い関心にその場を譲ることになるのである。

自己が自らのうちに引き起こす、自己の中心に近づこうとするこの探求への憧れから漫然と離れたり、それを打ち消そうとしたりすることなく、むしろ忠実にそれに身を任せて従っていく限り、根源へと向かう問いの動きは、流れの渦が周囲の水をその中心へ奥へと引き込んでいくように、深みへの動きに与るようになる。そしてこの動きは人間のすべての能力、その働きと対象に目的や焦点となる方向性を定め、それに命を与えるものとなる。

心の根底から生じて人間の存在すべてを貫くこの問いの動きは、明確な軸をもち、それが目指す焦点から力と方向づけを得ながら、あたかも渦が深い中心に向かうがごとくに速度を増して進んでいく。人間はこの問いと憧れに動かされる限り、内的に統一されてまっすぐな者になっていく。同時に、何ものによっても満たされることも妨げられることもないような力動性に引かれて、根源である中心との一致を求め始める。人間の存在と意識が十全に生かされ、力を得た内的な自己は、この内的活動の生きた力を自らの努力によって所有するのではなく、すべて自分が探し求めている根源的な中心に負っていることを――反省的にでなくとも実行において――確かに知るだろう。この自覚に基づいて自己の努力は、自分自身に拠らない根源からの働きかけに対してまさにそれによって強められ、規定されながら、ただその場を開くことに協力するに過ぎないものであることが分かるだろう。このような理解の遂行も、根源との協力を初めて可能にする道であることを認めているのである。

三　自己の根底への道

内なる中心と根源への接近に際して、日常的で自然な自己にまず要求されるのは、具体的で世界内的な自分のことを、焦点や目標にすることを止めるということである。というのも自分に執着している間は、意図的な反省によって自らを優先的な対象に固定し、狭く限定された自己の範囲内にしか求めなくなるので、自分を超え出ることが困難になってしまうからである。ただの自己が自律的に自らを成立させたことはなく、自己の中心も自分の力によって把握されて自足する自己存在になることはない。それゆえ、自らのうちに完結しただけの自己は、本来の自分に具わっている心の根本的な力を発揮することはできない。したがって、中心となる根源を求めようとするならば、単なる自己を超え出ていき、それを見失うことも厭わないほどの信頼をもって、自己超越の的である神自身に向かって自己を相対化する課題が立ち現れる。その際、単なる抑制ではなく、信頼と愛のほうが自己中心的な自我を抜きにして、意識の中心を自分よりも重大な存在に差し向けることを可能にする。「自分の命を愛する者は、それを失うが、この世で自分の命を憎む人は、それを保って永遠の命に至る」（ヨハ一二・二五）。

こうした自己超越に惜しみなく努めるためには、自らの限界を覆い隠すことなく、自分をありのままに認め、受け入れるという真実な心のへりくだりが出発点になろう。この努力は、超越の現存によって与えられる支えと励ましに対する理解によって養われる。「魂を沈黙させ」（詩一三一・二）、心の志向性が迷わずに「一なるもの」に、つまり「主の方に向き直れば」（二コリ三・一六）、心の「目からうろこのようなものが落ち」（使九・一八）、「はっきり見えるようになる」（マコ八・二五）ときに執着が解かれ、自分の我を超え出る道が人間には分かるようになる。

人間は、我欲にとらわれた状態がそもそものありさまなのだから、それを放棄することは、自分に死ぬこと自体を積極的に受け入れるほかない。我欲から解放されるこの道は、想像以上に深く長い道程であって、それを歩み通すのは一生の課題となり、強い信仰を必要とする。ここにおいて、毎日新たにその苦労を受けとめることと、信じることは一致するようになる。人間が自分として何ものかを、例えば身分や財産、あるいは徳さえをも自らの所有物にしようと欲する限り、自己の中心に立ち戻ることができないことが明らかになるだろう。所有する意志と自分の力に対する確信を根本的に放っておいて、ただ「御旨のまま」になり、その態度に留まることこそ、常により大きな目標として理解される。「自分勝手には何もせず、ただ、父に教えられたとおりに」（ヨハ八・二八）するという自己放棄を通してのみ、人間は自らの存在の根底に近づくようになる。すなわち、本来、無から創造されたこの自分の存在の起源に遡ることになるので、「わたしは衰えねばならない」（ヨハ三・三〇）ことを悟り、「自分からは何事もできない」（ヨハ五・一九、五・三〇参照）ことを、自分の存在の真理として理解するのである。

「狭い門から入る」（マタ七・一三）この「小さい道」は、イエスの道に合流し、それと重なっていく。「神と等しい者であることに固執しようとは思わず、かえって自分を無にして、僕《しもべ》の身分になり、人間と同じ者になられました」（フィリ二・六―七）。同時にこの道は、自分の限界に気づいて神の憐れみに頼るほかないことを悟る徴税人の道とも一致している。「徴税人は遠くに立って、目を天に上げようともせず、胸を打ちながら言った。『神様、罪人のわたしを憐れんでください』」（ルカ一八・一三）。人間が助かるのは、恵みによる以外にないのである。「力は弱さの中でこそ十分に発揮されるのだ」（二コリ一二・九）。

四　心の根底とは

自己放棄または離脱という道をただそれ自体において内在的に見るならば、人間は果たしてどこに至るのだろうか。この道程で目指す究極的な目標は、人間が単なる自己を超出し、それによって——人間の精神は本質的に無限ないし無制約者へと関わるものである以上——無制約的な存在、すなわち善そのものである神に至り、それと直接、合一することにある。だが、自己超越は自己把握を前提とするものであるので、その身近な到達点は自己そのものの中心と根柢にあるに違いない。人間が無限の存在に触れるためには、自己の中心と一致しながらそれを手放すという、惜しみない苦労を払う以外に道はないのである。そこにおいてこそ自己発見は自己無化への入り口となる。この自己無化は「すべてを忍び、すべてを信じ、すべてを望む」（一コリ一三・七）愛を、善である神に向かって呼び起こす。このような発展性は、善さによる照らしや神による恵みが先にあり、またそれが存続するかたちで働くことによって支えられ導かれるが、それが人間において実現される以上、人間論的な可能根拠をももつ。この根拠こそ、まさに自己疎外から真の自分に還った心であり、精神の根底、聖書の言葉で言えば、人間の内なる「霊」（ロマ八・一六、一コリ二・一一）にある。それはまた、中世には「魂の火花、城、荒野」（マイスター・エックハルト〔Meister Eckhart 一二六〇—一三二七／二八年〕）などと呼ばれた。

この心の根底には段階的に区別できる側面が具わるが、基本的には「これ」「こう」というように対象的に特定できる内容をもたない。その意味で「何ものでもない」「空」「無規定」などと表現されうる。しかし、こうした否定的で欠如的な言表の仕方は、日常的な対象言語に対して区別したものであって、この根底自体を適切に言い表した表現ではない。この心（魂・精神）の根底は、それ自体においては、感覚的対象などによって刻印され制限された意識の状態よりも、はるかに優った真の「自由」のうちにある。それは変わらない一性を中身とし、対象言語の肯定によっても否定によっても適切に特徴づけられない充溢で満たされている。「我」によって傷つけられたり分節化されていないので、この「場」においては平和が広がり、あたかも見えない光に照らされ、透明な目のように開かれている。それは自己自身を内容とするとともに、現実をその全体において究極的根底にまで見通し、その中には安らぎが見出される。

この根底は純粋な能動性であり、現実態性に満ちているので、そのうちに留まるには精神の深い自己統一が必要となる。精神がそこで自らの力を尽くしたとしても、この根底は意識的・反省的な思惟に基づく推論的な行為によって浮かび上がるようなものではない。むしろ存在そのものに満ちた一種の静かな状態にあって、その中で自分が今、そのような存在に参与していることを自覚する。この状態に至るとき、精神は進んで自分をそれに適合させ、自分を主張したり省みたりすることはもはやなく、変化を求めないままでそこに留まるようになる。

とはいえこのように心の根底に根づき、そこから存在自体に向かって透明になるときでさえ、対象化する反省という仕方ではないにせよ、自己意識が常に伴っている。このため意識が自己を把握し主体として主張する傾向が生じやすく、心の根底において芽生える純粋で神的な命を、自己の行為によるものとして解釈する可能性が生じる。しかし、主体のこうした反省的な自己把握が支配的になればなるほど意識は貧しくなり、表面に浮き上がってしまって、根源における存在との親密なつながりから離れることになろう。反省と自我中心的な関心に基づく主体の自己形成は、より根本的には、存在自体との接触による心の形成をその起源から断ち切るものとなる。このことが理解されるとき、人間は自分が存在の現存と働きかけのもとに置かれていることを謙遜に受けとめ、「神的なものに耐える」(ディオニュシオス・アレオパギテス〔Dionysios Areopagites 五〇〇年頃〕)ように呼ばれていることを認めるだろう。

こうして自己省察が行われるところよりもさらに深く自分の内的起源に遡り、自由意志自体をその根底から捉え直し、自己に与えられた自由な存在をその根源たる存在自体へと向けるようになる。そのとき初めて、この根源的存在を自由な自己の起源として、そして自分自身をそこから発生した「子」として認めることができ、存在自体の現存に基づく内的な命を保つことになるだろう。「心を入れ替えて子供のようにならなければ、決して天の国に入ることはできない」(マタ一八・三)。したがって自己は可能な限り小さいものになろうとし、重点を心の根底にある存在との接点に置いて、それと密着することで本来の自己を再発見する。そして、存在という起源に向かって自由に選んだ受容性を通して存在自体からの関わりをより深く受けとめる。根源的存在を自らの存続する始源として肯定したとき、自己は単なる自分を決定的に超え出ていく。根底への自己転換は、こうして存在自体に基づく究極的な自己成立の根拠となる。つまり、心の根底で存在との接触のもとに行われた根本決断において、存在自体の導きによる自由な自己ないし自由な人格そのものが新たに生まれ、真の自己が成立するのである。「人は、新たに生まれなければ、神の国を見ることはできない……神の国に入ることはできない」（ヨハ三・三、五）。

五　「従順の能力」としての精神

心の根底をその場とする自己の自由意志は、人間としての全存在を根源たる神に向かって方向づける。それによって人間は、知性と意志をはじめすべての能力において、その本質的な構成に従って秩序づけられることになる。心の根底は、その存在において知性的な性質をもっている。それゆえこうした人格の自己形成は、自己に与えられる存在を進んで受け入れるとともに、この存在を通して授けられる神の自己顕現、すなわち神の「言葉」を信頼をもって受け取り、それに従って自然な自我を超えながら自らを形成していく。「言《ことば》は自分を受け入れた人、その名を信じる人々には神の子となる資格を与えた。この人々は、血によってではなく、肉の欲によってではなく、人の欲によってでもなく、神によって生まれたのである」（ヨハ一・一二―一三）。

超越から存在を授けられる人間の心からは、精神的生命が芽生える。それは、世界内の対象との関わりを固有なテーマとする理性よりもいっそう根本的である。つまり、理性の根源であるとともに、精神を活かす力となるものにほかならない。精神はこの存在の受容に応えて、知性をもって現実全体を存在の深みにまで探ろうとするため、第一に存在と善の源である神に直面しようとする。人間は、精神の本質を成している存在に対して分有関係をもちながら、中心的には人間自身を神に対応させており、そこでは人間は精神の基盤である心の根底から直接に神自身へと向かっている。ゆえに理性の根源であるこの知性は、世界的な事物の側からその原因である神へと推論によって上昇していく理性とは異なって、潜在的ではあっても直接に神から自らの範をとり、人間の側を神の働きに従って神の似姿へと形成していく。「我々にかたどり、我々に似せて、人を造ろう」（創一・二六）。それゆえ、心の根底がいわば荒野のように空虚に感じられていても、本質的にはそれは無限な存在である「神の栄光の反映」（ヘブ一・三）である。それは人間の尊厳を成す「主の栄光を映し出す」「鏡のよう」（二コリ三・一八）になっているのであり、聖霊によって「神の子」（ガラ四・五）へと上げられる可能性の根拠そのものなのである。

この本質的な対応関係においては、神は人間にとって範型である以上、人間の目的でもある。したがって人間の発展のすべては、心の根底から御旨を聞き取り、「天の父が完全であられるように、……完全な者となり」（マタ五・四八）、愛において「顔と顔とを合わせて」（一コリ一三・一二）神に接し、神の存在に満たされることを期待している。このような発展において人間の精神は、最も基本的で根幹となるところ——自律的な主体性をも根拠づける自由な存在——において、保留なしに神に向かって開かれた「従順の能力」（トマス・アクィナス『真理論』二九、三、三）であることが顕わになる。「従順を学ばれ……完全な者となられた」（ヘブ五・八—九、フィリ二・八—九参照）キリストの模範を仰いで「信仰によって……服従し」（ヘブ一一・八）、思いを「キリストに従わせ」（二コリ一〇・五）ることによって、人間は「心に記されている」（ロマ二・一五）神の法を実現する。自己本位性から脱出して、似姿として神の意志のうちに本来の自己の場を獲得するのである。

そこでは愛である霊に基づいて子となり、神との交わりのうちに自己をさらに根本的に見出すようになる。こうして初めて「これを受ける者のほかにはだれにも分からぬ新しい名が記されている」（黙二・一七）ことになる。神の霊が「わたしたちの霊と一緒になった」（ロマ八・一六）在り方において、自己は限界に留まる限りの有限性から解放されて、本質的な自由を享受する。

「あなたがたは、人を奴隷として再び恐れに陥《おとしい》れる霊ではなく、神の子とする霊を受けたのです……この霊こそは、わたしたちが神の子供であることを……証してくださいます」（ロマ八・一五―一六）。ここに精神と自由な人格のそもそもの目標は、キリストとの結びつきを通して成就する。元来は、あらゆる有限的な条件と状況に先立って、つまり「天地創造の前に、神はわたしたちを愛して……キリストによって神の子にしようと……前もってお定めになったのです。神がその愛する御子によって与えてくださった輝かしい恵みを、わたしたちがたたえるためです」（エフェ一・四―六）。

第四章　神の柔和とやさしさ

一　信仰と人生の経験の間のとまどい

期待と不安の間に置かれた人間は、見通し難い未来に向かってとまどいを覚える。理性が肯定と否定の二重の道をもっていると同様に、感情も対立の構造を有し、喜びと悲しみ、希望と絶望、愛と憎しみに動かされる。日常的経験がひとつの明確な特徴にまとめ難いように、人生の理解と世界全体に対する見方において唯一の根源的な存在を認めていても、神の「顔」や心を明確に読み取ることには困難が感じられるだろう。聖書でも神についての理解を一定の体系的な教えとして展開することはせず、創造と救いをとなえると同時に、神の隠れを強調している。「まことにあなたは御自分を隠される神、イスラエルの神よ、あなたは救いを与えられる」（イザ四五・一五）。「主はわたしの光」（詩二七・一）と崇められるとともに、「知ることはできない」（ヨブ三六・二六）その偉大さは、近づこうとするモーセにとって「神のおられる密雲」（出二〇・二一）となった。それゆえ、神の「いかなる像も造ってはならない」（出二〇・四）という掟は、旧約において神との関わりの根底にある。

神の現れを強調する新約聖書も、神をほめたたえながら、その隠れと人間の無知を主張している。「唯一の不死の存在、近寄り難い光の中に住まわれる方、だれ一人見たことがなく、見ることのできない方です。この神に誉れと永遠の支配がありますように」（一テモ六・一六）。

だが、神の超越と力は人間との関わりにおいて顕わになるとはいえ、神の近さと憐れみを排除するわけではない。むしろ、憐れみを中心としてその意味するところの深さが認められよう。「天が地を高く超えているように、わたしの道はあなたたちの道を、わたしの思いはあなたたちの思いを、高く超えている」（イザ五五・九）という超越に対する主張を通して、まさに赦しを与える神の憐れみが浮き彫りにされる。確かに人間は、どのようにしても神の働きを操作することはできないし、その目的を見通せない。憐れみと赦しは、ただ神の心によるものであることが理解されるのである。「神は御自分が憐れみたいと思う者を憐れみ、かたくなにしたいと思う者をかたくなにされる」（ロマ九・一八）という恐ろしい言葉を、パウロは自身の回心の恵みを思い起こして書き記している。「だれが、神の定めを究め尽くし、神の道を理解し尽くせよう」（ロマ一一・三三）。

神の支配は人間には予想されず、世界の側から条件づけられないということこそ、アブラハムから始まる神の信仰の基盤を成している。「死者に命を与え、存在していないものを呼び出して存在させる神を、アブラハムは信じ、その御前でわたしたちの父となったのです」（ロマ四・一七）。しかし、人生の過程のそれ自体では不可解な流れが、根源的には神のはからいに基づいており、神の目指す目的に必ず達するという展望が、神の無限性を考える人間にふさわしい信仰であると「ヨブ記」は結論づけている。つまり神自身を人生観と世界理解の要にし、そこから事実的経験を積極的に受けとめ、その理解に努めるという課題が人間に与えられているのである。

このような理解の経験は、理性に先天的に具わる幸福に対する期待においてではなく、歴史の経験に基づきさまざまなかたちで聖書に物語られた出来事を出発点にして、信仰において根拠づけられる。「かつて書かれた事柄は、すべてわたしたちを教え導くためのものです。それでわたしたちは、聖書から忍耐と慰めを学んで希望を持ち続けることができるのです」（ロマ一五・四）。この勧めに従い、聖書に証《あかし》された神の関わりの焦点を探り、神が自らを現わす道を見極め、そこでキリストの「足跡に続く」（一ペト二・二一）ことによって「わたしたちの主、イエス・キリストの父である神、慈愛に満ちた父、慰めを豊かにくださる神」（二コリ一・三）を目指して、人生の展望を開くことを試みたいと思う。

二　救済史の方向――神の人間への降り

聖書全体の著者たちは、それぞれの理解と意図をもって人間に対する神の関わりを思いめぐらしている。そこでは古代の教父たちがそろって確信しているように、神の行いと言葉は、一貫した計画に基づいて人間の救いと世界の完成を目的とした歴史を展開しているという点で共通している。神の人間への関わりが聖書を貫くテーマである。それが歴史自体のどの段階においてもその原動力として機能すると同時に、救済史でもある聖書全体をひとつの意味連関のもとで包括し統一している。この救済史の流れを広い視野で考察し、その意味づけを問うならば、それは神の自己啓示こそが人間の救いならびに完成として顕わになるという方向性を示していると言えよう。

神の「栄光」は自然世界の創造と歴史において顕わになり、あらゆる権力に打ち勝って凌駕する神のこの偉大さは、人間に到来し、「父の独り子としての栄光」（ヨハ一・一四）において顕現する。そしてそこから「わたしたちの心の内に輝いて、イエス・キリストの御顔に輝く神の栄光を悟る光」（二コリ四・六）として結実し、「すべての人を照らすのである」（ヨハ一・九）。

この目標に沿って考えるなら、神の栄光という究極的な目的の意味は、神の降りを通して、つまり「神が人と共に住み」（黙二一・三）、それによって「救い主である神の慈しみと、人間に対する愛とが現れる」（テト三・四）ことにおいて全うされる。このように人間の近くにあって自らの慈しみを示す神の降りは段階を含む。聖書の始めに述べられている楽園では、「主なる神が園の中を歩」き（創三・八）、アダムを探している。エジプトからの脱出という救いの基礎づけの段階では、神は「自ら同行する」（出三三・一四）ことを約束し、雲の中に隠れた現存を現して慈しみを伝える。「主は雲のうちにあって降り、モーセと共にそこに立ち、主の御名を宣言された……『主、主、憐れみ深く恵みに富む神、忍耐強く、慈しみとまことに満ち……』」（出三四・五―六）ていると選ばれた人に心を打ち明ける。そして「この終わりの時代には、御子によってわたしたちに語られました」（ヘブ一・二）。すなわち、それ自体で「神であった」（ヨハ一・一）「言《ことば》」、すなわち「父のふところにいる独り子である神、この方が神を示された」（ヨハ一・一八）。その「恵みと真理とに満ちていた」（ヨハ一・一四）栄光は、まさに最も徹底的な愛の降りを通して実現された。「キリストは、神の身分でありながら、神と等しい者であることに固執しようとは思わず、かえって自分を無にして、僕の身分になり、人間と同じ者になられました。人間の姿で現れ、へりくだって、死に至るまで……従順でした。……こうして……すべての舌が、『イエス・キリストは主である』と公に宣べて、父である神をたたえるのです」（フィリ二・六—八、一〇—一一）。進んで実行させていただいたへりくだりにおいて、「人の子は栄光を受けた。神も人の子によって栄光をお受けになった」（ヨハ一三・三一）のである。

人間の救いとそこに成立する神の栄光の完成が、キリストのへりくだりに基づくとすれば、この神ないしキリストの自己譲渡と自己啓示は、なぜ救いをもたらすことになるのだろうか。そして、それは何を現わすのだろうか。つまり神自身と——それと一致して——神の与える救いは、果たして何を内含し、何を与えるのかということを問うべきであろう。この問いに対してヨハネは、イエスの受難と復活を述べる福音書の後半部を開くことになる最初の文章で明確に答えている。「イエスは、……世にいる弟子たちを愛して、この上なく愛し抜かれた」（ヨハ一三・一）。愛こそ、そして愛のみが、最も中心的な人格的存在を成すとともに、それを現して実際に相手に与え、相手の中心を生かし、相手の心に成り切ることによって、愛してくださる方と一致させ、命そのものである神への愛に変えていく力なのである。

三　人間存在と神の対応関係

神と人間の関係を伝える福音は、キリストを中心に据えている。ゆえに、キリストの理解に近づくために「キリストの愛の広さ、長さ、高さ、深さがどれほどであるかを理解し、人の知識をはるかに超えるこの愛を知るようになり、そしてついには、神の満ちあふれる豊かさのすべてにあずかり、それによって満たされるように」（エフェ三・一八―一九）、信じる人は祈りのうちに招かれている。愛を知るようになることが、その愛を受け入れて愛を生きる道となる。そこでここでは、愛という地味ながらもそれ自体では表現し難い（一コリ一三・一―七）神秘に対する理解を少しでも深める手がかりとして、愛に伴って愛を表すいくつかの態度――特にやさしさ、柔和、平和――について思いめぐらし、人間に対する神の関わりの、いわば「衣の裾」（イザ六・一）にでも触れてみたい。

愛はさまざまな贈り物の源であるが、愛が基本的に与えるのは、愛自体、すなわち愛する者自身の心と存在である。そのため神に近づこうとする際、単に愛を表す実行する行為から愛を読み取ろうとするよりも、そのような行いを相手の心によって活かされた関わりとして理解することが、愛を理解するための方途となる。したがって、人間への神の関わりを愛の実現として理解できるように、神自身の内面そのもののうちに御自分の存在を自分の愛する相手――それは神内には御子であり、神外にはキリストに基づいて人間である――に向かって尽くす心や意志がなければならず、しかもその意志が現実において人間に伝わらなければならない。神の内面自体が、神自身によって人間に対して伝達されることは、聖書の言葉で言えば、神が聖霊を人間の心に注ぐことによって実現される。「『霊』は……神の深みさえも究めます。……神の霊以外に神のことを知る者はいません」（一コリ二・一〇―一一）。神の内的な中心は愛にあるので、聖霊は、神の愛の源と言われる。「わたしたちに与えられた聖霊によって、神の愛がわたしたちの心に注がれているからです」（ロマ五・五）。聖霊が自らの愛をもって人間の心の根底、つまり「わたしたちが神の子供であることを、わたしたちの霊と一緒になって証してくださいます」（ロマ八・一六）。このように、父なる神とキリストが聖霊によって愛のうちに人間と交わっているのである。「わたしたちの交わりは、御父と御子イエス・キリストとの交わりです」（一ヨハ一・三）。

聖霊の愛による交わりのうちに、父なる神とキリストと、そして神ないしキリストを信じる人間とは、存在論的に交わりながら相手の自立を大切にし、互いに「栄光を与え」（ヨハ一七・一）、浸透し合い、互いのうちに「住まう」（ヨハ一四・二三）。「交わり」「愛」「一致」などの言葉が示するように、この関係は、ただ存在論的なつながりに尽きるものではない。それは人間の意識そのものにまで中心的に及んでおり、こういう言い方が許されるならば、聖霊において人間の側からの関わりも愛による神の受容性に響いて、神自身にとって有意義で喜ばしいものとなっている。「神の聖霊を悲しませてはいけません」（エフェ四・三〇）。父親にとって家に戻ってくる息子の回心を「楽しみ喜ぶのは当たり前ではないか」（ルカ一五・三二）とイエスが言っているように、神は人間の自由を重んじる以上、神に対して人間が自由にとる態度は、同様に神にとっても喜ばしいものとなるのである。

ここにおいて、父と御子の間の永遠に交わされる愛の交流（ヨハ一七・二四参照）は、イエスを起源にして人間を受け入れ包含することになり、そうした仕方で神との関わりが人間に対して開かれてくる。つまりイエス自身が、神を自分の父と知り、父との相互関係を生き抜いており、この神の父性を前提にして神とのふさわしい関わりを多くの言葉をもって弟子たちに教えている。神と人間との間の関係は、有限的な人間関係からとられた表現やイメージを、比喩的な意味で神にあてはめて擬人化したものではない。そうではなく父からの派生関係に基づく人格者同士そのものの、存在論的で間人格的な交流なのである。このような関係は確かに人間同士にも見られはするが、神との関係は人間の特殊的で有限的な在り方には基づかない。この構造は本来、位格の父なる神と人格の人間との交流に本質的に具わっている。すなわち神と人間との関わりにおいて、神の存在が人間との関係を包括しながらも、神と人間が互いに向かい合い、人間は神の「顔」を見、神は人間を「わたしの子」（詩二・七）と呼ぶのである。

こうして相手からの関わりを受け入れる側には、この親しい関わりを自分のうちに前提とするかたちで、関わってくださる方へと関わらせていただく関係を通して、両方にとって共に生きる可能性が生じる。父なる神は、神内の御子キリストを人間の世へと遣わすことによって、御自分を人間との相互的な関係に対して愛をもって自由に、しかも御子に対してと同じように無条件的に開くのである。この開きは神の愛そのものに基づき、それを通して神は人間の側からの関わりを受け入れるので、不完全で罪人である人間による関わりであるとしても、神を制限し傷つけることはない。それは愛によって変容されたうえで、神の自己の中に受け入れられるものとなる。

神と人間との間のこうした対応関係は、神の超越とその全原因性に根づくとともに、「御子は、見えない神の姿であり」（コロ一・一五）、さらに「神は御自分にかたどって人を創造された」（創一・二七）ことによって、人を「御子の姿に似たものにしようとあらかじめ定められました。それは、御子が多くの兄弟の中で長子となられるためです」（ロマ八・二九）という、包括的な存在論的・人格論的な創造論と救済論に裏づけられている。この関係を基盤にして「時が満ちると、神は、その御子を……お遣わしになり」（ガラ四・四）、つまり「その独り子をお与えになったほどに、世を愛された。……神が御子を世に遣わされたのは、……御子によって世が救われるためである」（ヨハ三・一六―一七）。特にパウロとヨハネにおいて描かれたこの基礎論に基づいて、イエスが神への関わりについて教え、生きてきた人間関係の特徴を暗示することが可能になろう。

四　神とイエスにおけるやさしさ

聖書において世界とその歴史は神によって力強く支配され、逆らおうとする諸権力――それは人間であれ、罪や死という「敵」（一コリ一五・二六）であれ――は、終末的な勝利に向かって克服される。だが、「わたしが選んだわたしの僕」（イザ四三・一〇）と呼ばれ、神の啓示と救いの進展を担う人々――アダムやアブラハムから始まって、モーセと預言者、そしてイエス――に対して神は常に言葉で、しかも人間に自由な応答を許し期待する対話によって関わっている。この関わり合いを通じて、神によって相手にされた人間は、神に「友」（出三三・一一）と呼ばれ、神の「協力者」（二コリ六・一）として「キリストに代わって」（二コリ五・二〇）遣わされる。そればかりか、神は人間に神との関係を意味する「新しい名」（黙二・一七、創三二・二九参照）を与えて親しく呼びかける。「恐れるな、……あなたはわたしのもの。わたしはあなたの名を呼ぶ。……わたしの目にあなたは価高く、貴く、わたしはあなたを愛し、……わたしはあなたと共にいる」（イザ四三・一、四―五）。こうして神は、ノアに代表される人類全体と互いに忠実を守る「契約」（創九・九）を結ぶ。たとえこの契約が人間によって破られても、神は再び「いざなって、……心に語りかける」（ホセ二・一六）。この呼びかけのもとで、人間は「我に返って」（ルカ一五・一七）神を信頼して「『わが神よ』とこたえ」（ホセ二・二五）、妻のように「『わが夫』と呼」（ホセ二・一八）ぶ。このように、神が一方的に愛をもって人間を慈しむだけではなく、神は人間によって尊ばれ、愛されることを求めていること、つまり神と人間との関わりが相互的であり、それは神自身によって重視されていることが表現されている。「わたしは熱情の神である」（出二〇・五）。

しかし、この神のやさしさと言わざるを得ない関わり方が、神にとって自然で本性的・必然的な在り方であると解釈するのであれば、それは人間が神の像を自分の望みに従って作り上げることになってしまう。神はやさしい方であると人間が独断して自分の憧れの成就を頼むとき、そこでは神が人間によって操られる対象とされており、そうした「人間の手が作ったもの（は）口があっても話せず、目があっても見えない」（詩一一五・四―五）生命のないものに過ぎない。これに対して聖書では、「生ける神があなたたちの間におられ」（ヨシュ三・一〇）ることが強調され、神は人間の傲慢による把握のされ方からは免れることが明らかにされる。

元来やさしさとは、やさしさを期待する人によって作り出されたり、思い込まれたりするようなものではなく、全面的に相手の自由な心遣いそのものから流れ出るところに、その本質と受け入れる人にとってのありがたみを有している。つまりやさしさは、もともと相手の自由な自己贈与にほかならず、慈しんでくれる相手である「悪人にも善人にも太陽を昇らせ、……雨を降らせてくださる」（マタ五・四五）神から、慈しみに恵まれる人に惜しみなく委ねられているものなのである。答えを強いる手段としてではなく、喜ばせようとする贈り物として、同時に信頼による交わりへと招く合図として与えられるのである。

五　神のやさしさであるイエス

人間は、本性的に隠れている神の圧倒的な権力に面すると不安を覚えることがある。だが、神が人間の心に触れると人間のうちにその慈しみに対する信頼を引き起こし、交わりに歩み入る勇気を芽生えさせる。このように根拠づけられた関わり合いが深まるにつれて、自分にもたらされた導きに従う人間は、神への恐れを乗り越え、神の愛を信じることによって、キリストの柔和を経験するようになるだろう。「どうか、主が、あなたがたに神の愛とキリストの忍耐とを深く悟らせてくださるように」（二テサ三・五）。神はある種のかたちあるものや対象的存在のように把握されるよりも、心の根底において平安と慰めに満ちた静けさのうちに現存して自らを表すのである。「平和の主御自身が、……あなたがたに平和をお与えくださるように」（二テサ三・一六）。復活されたキリストが「あなたがたに平和があるように」（ヨハ二〇・一九）と告げたのと同じように、人間の心が安らぐ平和こそ、理性による思考と解釈を超えて精神の根底にキリストの訪れを告げる。「あらゆる人知を超える神の平和が、あなたがたの心と考えとをキリスト・イエスによって守るでしょう」（フィリ四・七）。こうした透明で霊的な自覚のうちに、人間は他の感情とは識別して心の奥底において神の接触を感じ取り、具体的なきっかけがなくても喜びに満たされ、単なる自分を去り超え出ていくほどに神に希望をかけるようになる。「希望の源である神が、信仰によって得られるあらゆる喜びと平和とであなたがたを満たし、聖霊の力によって希望に満ちあふれさせてくださるように」（ロマ一五・一三）。平和と希望が与えられる人の内面には、どんな状態にも耐えうる忍耐と柔和が湧き起こり、そのことを通してキリストと共に神の反映へと造り直され、キリストの精神に与る。「わたしたちはキリストの思いを抱いています」（一コリ二・

一六）。

パウロの手紙の中でたびたび触れられている「霊的な賜物」（一コリ一二・一）や「『霊』の働き」（一コリ一二・七）を経験して、人間は「『霊』に導かれて」（ガラ六・一）「内なる人」（二コリ四・一六）へと形成されていく。そして「心の底から新たにされて、神にかたどって造られた新しい人を身に着け」（エフェ四・二三―二四）、「柔和でしとやかな気立て」という「内面的な人柄」（一ペト三・四）になって、本来の自分が「神にかたどり」「神に似せ」（創一・二六参照）た者であることを自覚し、自分が神の中へとつないでいただいていることを知るようになる。「古い人をその行いと共に脱ぎ捨て、……日々新たにされて、真の知識に達するのです」（コロ三・九―一〇）。そこに「聖霊によって与えられる義と平和と喜び」（ロマ一四・一七）、つまり「神の国」（同）に生きることによって信じる人はキリストに結ばれ、イエスとの緊密な神認識に招き入れられて「主と同じ姿に造りかえられていきます。これは主の霊の働きによることです」（二コリ三・一八）。

恩寵による神との内的な接触を受けて心がキリストに似たものになると、共感のうちにイエスが神のやさしさの現れであることが理解される。「子と、子が示そうと思う者のほかには、父を知る者はいません」（マタ一一・二七）と、イエスは自分の謙遜と柔和の源を指し、続けて弟子たちを同じ柔和に与るように励ましていく。「わたしは柔和で謙遜な者だから、……わたしに学びなさい。そうすれば、あなたがたは安らぎを得られる」（マタ一一・二九）。マタイはイザヤの預言を借りて――他の福音書記者も、言葉遣いは異なるものの内容的には一致して――、何よりも柔和と謙遜をイエスの特徴と見なし、この態度がイエスの神との全面的な関わりからほとばしるものであることを指摘している。「見よ、わたしの選んだ僕。わたしの心に適った愛する者。この僕にわたしの霊を授ける。……彼は争わず、叫ばず、その声を聞く者は大通りにはいない。正義を勝利に導くまで、彼は傷ついた葦を折らず、くすぶる灯心を消さない」（マタ一二・一八―二〇）。似たような意味でパウロも、イエスの「へりくだり」（フィリ二・八参照）と「従順」（ロマ五・一九）、また「忍耐」（二テモ一・一六）を強調し、信じる者の模範的態度として挙げている。「主が、あなたがたに神の愛とキリストの忍耐とを深く悟らせてくださるように」（二テサ三・五）。「仕えるために」（マコ一〇・四五）来て、「自分を無にし」（フィリ二・七）たイエスの有様には、神の偉大さとイエスの謙遜とが対極として併存するというよりも、これが父なる神ご自身の心の全き表現であり、そこにおいて神の「栄光の反映……神の本質の完全な現れ」（ヘブ一・三）である「神の力、神の知恵」（一コリ一・二四）が顕わになる。そこには「屠られたような子羊が立って」（黙五・六）おり、神の偉大さの神秘とともに人生の苦労という謎が解かれている巻物の封印を開いた（黙五・九参照）「満ちあふれる神性が、余すところなく、見える形をとって宿って」（コロ二・九）いる。ここにおいて、信じる人には自分の人生の真中を通して「神の本性にあずからせていただく」（二ペト一・四）道が示されているのである。

第五章　父と子と聖霊

一　問題提起――救いの歴史と神の三一性

人間は、生まれて「成熟した人間になり、キリストの満ちあふれる豊かさになるまで成長する」（エフェ四・一三）ように召されている。時間を実行することを通して本来の自己になるというこの発展は、個々人の課題であるとともに、人類の共同体の中に実現される道でもある。人間は、歴史を自らの本来の在り方の場とする者だからである。

歴史を通してのこの自己実現は、神への自己超越という、より根本的な生起に支えられ、推し進められていく。人生は、個人においても人類全体においても、神に至るという救済史に導かれるからである。隠れたかたちで世界史を貫くこの救いの営みは、預言者たちとイエスの登場によって、イスラエルの信仰史において基本的な意義を現し、神の計画に基づいてキリストによって「成し遂げられた」（ヨハ一九・三〇）。人間そのものと世界全体がこの道程を歩んでいくことを信じる人によって、それは教会暦によりながら習得され、信仰生活の中に生かされる。

教会の年度は、イエスの生涯に対する記念を軸にしている。その主な出来事は、一二月の待降節と降誕祭から始まり、春の四旬節と受難および復活の時期を経て、聖霊降臨の日をもって荘厳に締めくくられる。その後すぐに続く三位一体の祝日以降は、あたかも何もなかったかのように「年間」の長い月日が続き、諸聖人・死者・王であるキリストという終末を予告する記念日を一一月に祝って終わる。この暦は救いの歴史を教会年度に凝縮したかたちで意識させるものだが、教会の根源的に救済史的な性格から見て、「年間」と言われる時期に、果たしてどういう内容が含まれているかを問わなければならない。つまり、半年ほど続くこの時期が実際に三位一体の祭日から始まるので、聖霊降臨をもって一応の完結に至る救いの歴史の意味を三位一体の神秘に読み取るべきであろう。これは、イエスの生涯によって歴史の流れが三位一体に至り、永遠への門が開かれていることを示すものと考えられるのである。しかしながら、歴史が永遠に流れ込み、それによって信仰生活にその意義が与えられるということを理解し、説明するのは容易ではないだろう。というのも、降誕・受難・復活また聖霊降臨については、聖書にその歴史的な経緯が報告されているのに対して、神の三一的存在については、歴史的記述が何も残されていないからである。むしろ三位一体の教えは、教会と神学で一貫して強調されてきたように厳密な意味での「神秘」であり、その事実が歴史的契機、つまりイエスの言葉と生涯を通して確実に示されているとされている。とはいえ、この神秘の理由と必然性は有限的な理性にとって理解し難く、演繹不可能なものである。確かに、神秘というものは秘密などとは本質的に異なっている。すなわち神秘は、何らかの「覆い」（二コリ三・一六）によって隠され、「大きな淵があって」（ルカ一六・二六）近づき難く、人間から遠く離れているものではなく、それ自体で何の妨げもなく顕わであり、非合理的でもなく矛盾も含んでいないのである。にもかかわらず、それはその偉大さと単純性のゆえに、自然な人間にとって直観、分析、理性的な再構成のいずれも成り立たないものである。したがって、何らかの世界内の事象から取った比喩を用いた正確で普遍的なモデルを通して示されうるといったものでもない。

他方、三位一体の真実は新約聖書で明確に証され、前提とされているので、神が父と子と聖霊であることは、キリスト教信仰の基本的な命題である。そして初代教会の時代から現代に至るまで、信仰宣言というかたちで教会の指針の根幹を成している。マタイ福音書によると、復活したキリストの意図には、弟子たちが人を神の命に与らせるために「父と子と聖霊の名によって洗礼を授け」（マタ二八・一九）るべきであるということは含まれていた。また、少なくない箇所で父と子と聖霊にそれぞれの特徴が付され、救いの営みにおける神内の個々の方に対して固有な現れや役割が指摘されている。「わたしは、父が約束されたものをあなたがたに送る」（ルカ二四・四九）というイエスの約束を始めとし、聖書の全体は、救いの三一的構造が父と子と聖霊の行いによるものであることを教えてくれる（ヨハ一四・二六、ロマ八・一四—一七、一コリ一二・四—六、ガラ四・六、エフェ四・四—六、二テサ二・一三—一四、一ペト一・二など参照）。

信仰のいかなる命題も神の在り方を表現するとともに、その業である人間の救いを内容とする。それゆえ三位一体の教えこそは、信仰を生きるにあたって重大な意義と位置づけを有しているはずである。この意義に近づくために、以下では聖書に基づく二つのモデルを通して三位一体への展望を開き、信仰生活における父と子と聖霊との交わりのいくつかの側面に触れることにしたい。ここで聖書の教えを尽くすことは当然ながらできないため、基本的な観点に絞ることになる。

二　時間性の三次元的統一

人間は時間の中に生きるだけではなく、自らの時間性を知っている。しかも、この時間性ということを外なる対象として理解するよりも先に、まず自分の人生を構造化する要因として経験し、それを実践的に理解している。人間の意識は、単なる現在を把握しそこに留まったままでいることはできない。そうではなく、常に過去から始まったものとして現在への道を整えることによって、自らの存在を自分に対しても理解可能なものに統合しようとする。人間はまた、時間の流れを止めて現在を保ち続けるのでもない。何らかの必然的な自発性から、現在における将来の見通しを踏まえて計画を立て、過去の経験を元にしてこの未来を不安と期待のうちに覚悟するのである。

自己におけるこの時間の体験は、人間の存在理解にとってもそれを秩序づける背景となっている。時間が現在の存在を虚無たる過去へと不断に呑み込んでいく奔流のように感じられ、未来が予想も制御も不可能な次元として恐ろしく感じられることは、確かにあるだろう。しかし、人はそのように時間そのものに晒されていることに対して、直接的に反応するだけでない。人間の意識はその根源的な層において、現在が過去によって支えられていると受けとめ、未来を約束によって開かれる希望に満ちた次元として期待している。つまり、自分という存在――そして自分と共にあるあらゆる世界内的存在――を成り立たせ、現在にまで在らしめ支えるその始原と根源を、過去を通して――例えば家族がさまざまな記念日を祝う際のように――理解し、その力に満ちた偉大さを評価しているのである。他方、未来は招きであり、現在に優って何らかの充満をもたらし、毎日の虚しさに打ち勝つ力を与えてくれる源として慕われている。過去というものが現在の原因と根源の次元であるのに対して、未来というものはいわば意義と恵みとして機能しているのである。そして、両者はいずれも究極の存在の現存を表しているように思われる。過去と未来という諸契機を通して、「今」すなわち「実際にある」という場が安定し、それゆえ人間は信頼をもって現在を受け入れることができ、自らのものにすることができる。

かくてこの根源的な時間経験のうちには、自己とあらゆる世界内の存在を包含し、過去の歴史を与えた第一根源――未来を導く意義の源であり、現在においてすでに近くにあって自由を呼び起こすものであり、人生を方向づける基盤として知られている力であり、さらに時間に先立って今現存している何ものか――、つまるところ人間によって相対化されえないこうした根源的存在が、過去において人間を守り、未来に向かって可能性と課題を示し、しかも現在においては常に共にいて「命」を付与しているのである。根源的に統一された一性でありながら、時間の三次元性に従って区別された様相で現れるこの何者かは、「神」と呼ばれ、存在の源として「天地の主である父」（マタ一一・二五）とされる。それは「今」における永遠として、その都度の時間を永遠の根源に向かって開き、恵み深い近さによって一瞬一瞬を意義づけながら、人間を傍らで支えている。

さらに「希望の源である神が……聖霊の力によって希望に満ちあふれさせる」（ロマ一五・一三）ので、未来を開く聖霊が「あなたがたを導いて……これから起こることを……告げ」（ヨハ一六・一三）、「わたしたちが御国を受け継ぐための保証」（エフェ一・一四）となる。歴史をこのような救済史的な視点から解釈することが許されるならば、時間性についての人間論的・存在論的考察を通して、世界と人生の只中で父と子と聖霊と呼ばれる唯一の神が不可分な三一性をもって人間と関わっているということが、信じる人の目に発見可能になるのではなかろうか。「すべてのものは、神から出て、神によって保たれ、神に向かっているのです。栄光が神に永遠にありますように」（ロマ一一・三六）。パウロによれば、有限的な存在のすべてがこのようにして三次元的に神と関わることは、創造・救い・完成をもたらす父と子と聖霊の働きを現すのである（エフェ一・三―一四参照）。

三　言葉の三次元的な広がり

三位一体における神の存在は一つであり、その担い手は父と子と聖霊である。その中で神の本性は、それぞれの担い手によって全面的に所有されるという自然界にはあり得ない在り方が、言葉と真理の霊を中心にして、ヨハネ福音書（一六・一三―一五）においてイエス自身によって明確に教えられている。キリスト教神学の歴史では、この箇所に述べられている三位一体論はそれほど重視されてこなかったようである。だが、ここで聖霊はイエスから「聞く」ことによって自らの内容を汲んでおり、しかもイエスの中のすべては御父に拠るので、イエスを通して聖霊が父のすべてをいただくようになるとされている。「真理の霊が来ると、……真理をことごとく悟らせる。その方は、自分から語るのではなく、聞いたことを語り、……わたしのものを受けて、あなたがたに告げるからである。……父が持っておられるものはすべて、わたしのものである。だから、わたしは、『その方がわたしのものを受けて、あなたがたに告げる』と言ったのである」（ヨハ一六・一三、一五）。聖霊の存在自体、さらに聖霊の与えるものは「真理」と表現され、「聞く」ことを通して得られ、「語る・告げる」ことによって伝達される。この伝達の中身がもともと父のものであり、そこからキリストのものとなり、キリストから、また彼を通して聖霊に受け継がれており、この「真理の霊」（ヨハ一五・二六、同一六・一三）によって人間に与えられる。

ここで同一な真理が、抽象的な意味での思考内容だけではなく、真理そのものである存在ないし存在そのものである真理を意味しており、同一の真理は父のすべて、そこからイエスのすべて、そこから霊のすべてを成している。つまり、キリストが父の言葉を聞く方そのものであり、聖霊も彼から聞き取るので、キリストと聖霊は同じ中身をもって成り立ってはいるが、真理の直接な起源と関係において相違があり、互いに対して区別されている。真理そのものの伝達は父から子を通して聖霊に至るとされており、そこから本質的に同じ真理や言葉が、聖霊の力のもとで教会を通して人々に伝えられる。だがそれとともに、この真理の伝播は、父・子・聖霊間の成立関係に対して区別されている以上、根源的真理や言葉そのものの自己発展は、三位一体の構造を表していると考えられる。つまり、一なる言葉が三次元的に媒介されることを通して、この同じ一つの言葉の伝播は三脚的に構造化されて、そのかたちで耳を傾けている弟子に達することになっている。「あなたがたに耳を傾ける者は、わたしに耳を傾け、あなたがたを拒む者は、わたしを拒むのである」（ルカ一〇・一六）。

歴史的に見ても、イエスは——ピラトに対するその答えが示すように——自分の存在そのものと、またそれと一致して自分の課題を、真理の実現と顕現にあると理解した。「わたしは真理について証をするために生まれ、そのためにこの世に来た」（ヨハ一八・三七）。ユダヤ人の信仰と無縁なピラトに対して、イエスの言う「真理」は神自身のことを指しているに違いない。イエスは自分の「ある」こと、その中で「わたしはある」（出三・一四。ヨハ八・二四、二八参照）と自己表現した神との一致を含めて、自分が神に「聞く」ことを通して神の存在を受け継ぐ者であると自己理解している。「わたしが、自分勝手には何もせず、ただ、父に教えられたとおりに話している」（ヨハ八・二八）。さらに「わたしは自分では何もできない。ただ、父から聞くままに裁く（判断する）」（ヨハ五・三〇。同八・四五―四七参照）。

真理というものは、単なる個人の考えのうちにその本来の場をもつのではない。そこでは、主観的な思い込みや感情の表現と必ずしも明瞭に区別されているわけではないからである。真理は、むしろ主体の自己表現でありながらあらゆる主観性から解放され、それ自体で言葉というもののうちにその顕現の場を有している。しかし言葉が成り立ち、その理解と真理が検討可能になる場とは、ただの音声ではなく、話し手と聞き手の相互関係そのもののうちにある。ゆえに真理の顕現としての言葉は、まずは主体の一方的な語り（語る父）から始まり、それが本質的に相手に向かって語られており、相手を聞き手として呼び覚ますものとなり（聞き手としての子）、真理の「霊」という、主体と客体を超えて我と汝をつなぐ間の次元において理解へと導き、かくして初めて真理の啓示に固有な役割を果たすことができる。聖書で言えば、言葉はまず父から子への関係を成し、その関係のうちに自らの真理そのものを実現するのである。そこでは話し手と聞き手の間が我―汝関係に留まり完結するのではなく、むしろ言葉の真理に具わる普遍性をもって間の場を限界なしに開示し、それを通して真理の独立と自明性、すなわち真理の自己証明を成り立たせる。このように語り手および聞き手に対して自立し、二者の相互理解の一見した閉鎖性を解消するべき第三者が、普遍的に顕わな真理性たるものとして成立しており、この真理そのものの場（真理の霊である聖霊）において、語り手と聞き手（父と子）が限界なしに「一緒に住む」（ヨハ一四・二三）ことができるのである。

なるほど、この実体的な真理の場、つまり聖書に言う「真理の霊」自体は真理の本来的な公的性格に基づくので、この語り手と聞き手の共住は、人間において実現するからと言って、決して人間との関係へと制限されることなく、人間の精神を言葉の真理に固有な普遍的な広がりに与らせるものになる。その際、父の語りとその語りによって引き起こされた聞き手との間の言葉による交わりは、聖霊において成就する。すなわち言葉は、三一的構造をその成立の前提とはするが、逆にまた、この真理の場ないし真理の霊は、語り手と聞き手の関係から生じ、ひいては言葉そのものによる対話にとって不可欠であり、語り手と聞き手の間から生じるものとして構成されているのである。こうした三脚的な関係から成る場は根源的に「初めに」（ヨハ一・一）あって、その中に聞き手（子）が語り手（父）に対して中身として等しくなり、真理の本質を実現する「栄光の反映」（ヘブ一・三）になっている。

父から子を通して聖霊に至るこうした降りは、また逆流的にその起源にまで遡る。すなわち真理の場ないし霊は、第一の聞き手である言葉をその真理において表し承認することによって、真理の場である自らの役割を聞き手に負う者として顕わにし、第一の語り手の権限を借りて、聞き手つまり言葉をその真理において「証《あかし》」することになる（一コリ一二・三参照）。「わたしが父のもとからあなたがたに遣わそうとしている弁護者、すなわち、父のもとから出る真理の霊が来るとき、その方がわたしについて証をなさるはずである」（ヨハ一五・二六）。

同じように、聞き手である言葉は、真理の霊の光において透明な真理つまり語り手（父）の生きた現存、その「本質の完全な現れ」（ヘブ一・三）であり、世界内の音声という「肉」になっても、いやそのへりくだりの具体性においてこそ、言葉として語り手に「栄光を与える」（ヨハ一六・一四）。「イエス・キリストが肉となって来られたということを公に現わす霊は、すべて神から出たものです」（一ヨハ四・二）。それ自体だけでは、言葉の世界内的な「肉は何の役にも立たない。わたしがあなたがたに話した言葉は霊であり、命である」（ヨハ六・六三）。真理の霊においておいて信じている弟子たち、つまり霊に導かれた者は、言葉の「栄光を見た。それは父の独り子としての栄光であって、恵みと真理とに満ちていた」（ヨハ一・一四）。

永遠に、また世界内に御自分のすべてを「限りなく」（ヨハ三・三四）語り出す父と、その御旨を「この上なく」（ヨハ一三・一）忠実に――受難に至るまで――聞き取った言葉、つまり「わたしはある」（出三・一四）を名とする父の「本質の完全な現れ」（ヘブ一・三）である子とは、真理たる霊において一致している。「わたしと父とは一つである」（ヨハ一〇・三〇）。真理の特徴であるこの「等し」さ（ヨハ五・一八）は、世界内ではイエスの受難において実現され顕わになるので、神が自分を現す「わたしはある」という名は、受難においてこそイエスに当てはまることになる。「あなたたちは、人の子を上げたときに初めて『わたしはある』ということ、また……ただ、父に教えられたとおりに話していることが分かるだろう」（ヨハ八・二八）。神の在り方の神秘は、見えない語り手と、「肉となって……恵みと真理とに満ちた」（ヨハ一・一四）言《ことば》と、その開かれた脇から世界に流れ出る（ヨハ七・三七―三九、一九・三四参照）霊（ヨハ一九・三〇参照）との関係、すなわち「主イエス・キリストの恵み、神の愛、聖霊の交わり」（二コリ一三・一三）において成就する。まさに霊と言葉を通して、根源的に唯一な真理――神の限りない愛――が、世界の只中にいる人間に伝わることになるのである。

この救いの真理の受け入れは、全面的に言葉を受け入れることにおいてかたちを取るので、その三一的構造は、言葉を信じている人々のうちに響くことになる。イエスは最後の晩餐で弟子たちのために祈るとき、神の御言葉である自らを弟子たちのために奉献することを通して、言葉を聞く弟子たちに沁み込むこの言葉によって、真理が彼らにおいて命となり、この真理に生かされて、彼らがイエスと共に父に捧げられるように願っている。「真理によって、彼らを聖なる者としてください。あなたの御言葉は真理です。わたしを世にお遣わしになったように、わたしも彼らを世に遣わしました。彼らのために、わたしは自分自身を捧げます。彼らも、真理によって捧げられた者となるためです」（ヨハ一七・一七―一九）。

神のうちには、言葉を中心としての自己贈与とその受け入れ、またそれに対する応答の循環があり、人間側の信仰の動きは、その往還に対応する。「信仰は聞くことにより、しかも、キリストの言葉を聞くことによって始まり」（ロマ一〇・一七）、「人は心で信じて義とされ、……救われるのです」（ロマ一〇・一〇）。人間は言葉を聞くときに、自分なりの知恵と力を虚しいものとして徹底的に放棄し、自分で「天に上り、……（救いを）引き降ろす」試みも、また正反対の方向では「底なしの淵に下り」、死の中から命を「引き上げる」（ロマ一〇・七参照）努力も止めて、つまり「神の身分であり、神と等しい者である」といった傲慢な思い込みに「固執しようとは思わず、かえって自分を無にして、僕の身分になり、人間と同じ者になる」（フィリ二・六―七）方に倣う者となるのである。というのも、人間とは本来、言葉を聞く者、神に聞き従う者として造られているからである。人間は聞くことによって、自分の思い込みの範囲内での自己理解と神のイメージを放棄することができ、耳で聞き取る多くの言葉の中から神の語りかけを聞き分けるようになる。神の言葉のみが信仰を呼び起こして、「天」という恵みを人間にもたらし、死の「底なしの淵」（ロマ一〇・七）から復活の命を芽生えさせるからである。「死者に命を与え、存在していないものを呼び出して存在させる神を、アブラハムは信じ、その御前でわたしたちの父となったのです」（ロマ四・一七）。「天」とその対極である「死の淵」を人間の新しい命へとつなぐ神の言葉、つまりキリストは、神の偉大さとともに「へりくだって、死に至るまで、それも十字架の死に至るまで従順」（フィリ二・八）であることを通して人間の本来の姿を示すのである。「天上のもの」と「地下のもの」が、「地上のもの」（フィリ二・一〇）である人間イエスのうちに統合されているので、イエスは人間存在の全次元――神の似姿であるという、その意味での偉大な者としての、また同時に「最も小さな者」（マタ一一・一一）としての人間のあるべき姿――を顕わにする。ゆえに、「神の言葉」（黙一九・一三）であるイエスを現存させる福音の言葉こそは、人間と神を統合する力をもつ。

信仰の言葉はイエスをその内容としているので、福音を「聞く」人間はイエスのうちに「生まれつきの顔を鏡に映して眺める人」（ヤコ一・二三）になる。こうして「御言葉はあなたの近くにあり、……あなたの心にある」（ロマ一〇・八）。まさにこの近さが、人間の中に働く「神の国は近づいて」（マコ一・一五）、そのうちに「主はすぐ近くにおられる」（フィリ四・五）ことを告げ、

「いつ呼び求めても、近くにおられる我々の神」（申四・七）による救いをもたらす。そこで「わたしたちが宣べ伝えている信仰の言葉」（ロマ一〇・八）に基づき「言《ことば》によって成った」（ヨハ一・三）人間は、「神の子とする霊を受け……この霊によってわたしたちは、『アッバ、父よ』と呼ぶのです。この霊こそは、わたしたちが神の子供であることを、わたしたちの霊と一緒になって証してくださいます」（ロマ八・一五―一六）。

言葉に伴う聖霊に根差して人間はイエスを信じ、自分の中にある信仰を告白することができるようになる。「聖霊によらなければ、だれも『イエスは主である』とは言えない」（一コリ一二・三）からである。信じるときに人は、全宇宙とともに「『イエス・キリストは主である』と公に宣べて、父である神をたたえるのです」（フィリ二・一一）。すなわち、言葉による信仰を受け入れて「わたしたちがキリストと一体になってその死の姿にあやかるならば、その復活の姿にもあやかれる」（ロマ六・五）。そして受洗のときに「口でイエスを主であると公に言い表し、心で神がイエスを死者の中から復活させられたと信じるなら、あなたは救われる」（ロマ一〇・九）。このようにして人間は、信仰において、元来の言葉であるキリストと共に神に栄光を現しながら父に戻っていく。「わたしの口から出るわたしの言葉も、むなしくは、わたしのもとに戻らない。それはわたしの望むことを成し遂げ、わたしが与えた使命を必ず果たす」

（イザ五五・一一）。「わたしたちの間に宿られた」（ヨハ一・一四）言葉は、聖霊を通して信じる人のうちに実を結び、その人を神の栄光のために生きる「真理によって捧げられた者」（ヨハ一七・一九）というキリストの似姿へと造り直す。「御父は、御心のままに、真理の言葉によってわたしたちを生んでくださいました」（ヤコ一・一八）。しかも信仰によってキリストと共に子となり、「主に結びつく者は主と一つの霊となるのです」（一コリ六・一七）。

こうして言葉の三次元的な自己展開を通して、人間は霊においてキリストの「命」に与り、三位一体の神秘が分かるというよりも、自分の身をもってそれを生きるようになる。「あなたがたの命は、キリストと共に神の内に隠されているのです。……キリストが現れるとき、あなたがたも、キリストと共に栄光に包まれて現れるでしょう」（コロ三・三―四）。

第六章　イエスの目指したこと

一　問題提起——信仰の中心の確認

　半世紀前にはだれも想像できなかった現代の世界の姿に直面し、社会を支えていた価値観が急速に崩れるに伴って、新しい人間像が頼まれている。この転換期にあって、諸宗教は不安定な状況に瀕している。教会の中でも信仰理解、また霊性に関わる習慣、組織自体が次第に危ういものとなり、その意味と課題が新たに問われるようになっている。信仰のかたちが将来の世界の必要性に本当に答えうるためには、現代において可能な限りの力を結集した取り組みが差し迫った課題であろう。

　歴史を振り返ってみると、こうした転換が時代精神に促されるとともに、教会の創造的な参加によって実現した例がしばしば見られる。そのような時代に行われた教会の刷新には、共通する特徴がある。その一つが、指導的な人々がナザレのイエスに遡り、彼の意図を新たに理解することに努め、ある特定の観点からであるにしても以前より深く福音を理解することができたという点である。そこではイエス自身の言葉と活動による信仰の成立の趣旨を、その本来の意義に従って忠実に活かそうとする努力を通して、各時代の精神的状況に適した信仰生活の新しいかたちが発見されることになった。現代において求められる信仰の深まりも、同じ道を通して得られるという確信に基づいて、イエスの考えと努力にとって中心的なモチーフとなったのは、果たして何であったかを問うことにしたい。この問いから何らかの答えが得られるならば、それは信仰を本来的な意味に向かって捉え直すのに寄与するものになることが期待できよう。

二　イエスの問題意識――律法と神の憐れみの間に

イエスの公の生涯と活動は、洗礼者ヨハネの説教とイエス自身の登場から始まって十字架という終わりに至るまで、イスラエルの信仰共同体を代表する指導者、中でも律法学者たちとファリサイ人との対立に特徴づけられ、規定されていた。確かにエルサレムの神殿を中心とするサドカイ派との議論、あるいはローマ皇帝やヘロデ王などとの関係における政治的な問題もあったことが福音書から分かるが、イエスは後者の問題を付随的なものと見なし、避けようとした。それに対してファリサイ派と対立する場面が圧倒的に多いばかりか、イエスは――例えば安息日を選んで病人を癒す場（マコ三・一―六、ルカ一三・一〇―一七参照）、またはファリサイ派の人々の前で罪を赦す場（マタ九・一―七）など――自分のメッセージを明らかにするために、彼らとの対立を和らげるのではなく、むしろ主張すべきであると考えたようである。こうした対決の根本は、ファリサイ派が神との関係は人間の努力に拠るものであると信じ、救いは律法を遵守する人間の行いに関わっていると主張していたのに対し、イエスは神の憐れみを告げ、それを自分の課題であると確信していたことにあったと思われる。この根本的な対立に伴い、イエスはファリサイ人に見られる律法の捉え方が形式主義的で、文字に囚われた表面的な建前に過ぎず、神の意図からは遠く離れており（マタ一五・一―二〇など参照）、結局、「正義の実行と神への愛はおろそかにしている」（ルカ一一・四二）と批判していた。

この強烈な批判を通して、イエスはイザヤ（イザ一・一一―一七参照）等の預言者による律法と神殿礼拝に対する批判を自分のものにし、人間の宗教性にとって基本的なあるべき姿という問題に向かって深めていく。パウロは律法学者としての自らの背景から、イエスのこうした主張を神に拠る信仰と人間が自己の力に頼む律法の業という対立形式に求めて、自分の告げる福音の要にした（ロマ四章と五章、ガラ四章と五章、フィリ三・九など参照）。イエスもパウロも律法そのものを否定する意図はないが、律法には人間の義をもたらす力が具わっていないことを指摘する。またイエスは、律法が神の意志の究極的な表現ではないことを示すために離婚の問題を例に挙げて、「天地創造の初めから」（マコ一〇・六）神が男女を創造した本来の意図が互いの一致にあることに言及し、後にモーセによってイスラエルの人々に与えられた律法が神の意図を十分には反映していないことを明らかにしている。同様にパウロは、律法が後になって「入り込んで来た」（ロマ五・二〇）と述べている。ファリサイ人たちが正しく理解したように、イエスはこの批判によってあまりにも厳格な律法主義の限界を示すだけではなく、律法そのものの二次的な役割を明確にし、主張したのである。

三　律法に勝るもの——新しい神理解

イエスは律法を批判してはいたが、廃止しようとしたわけでは決してない。「廃止するためではなく、完成するためである」（マタ五・一七）。というのも、律法をめぐる議論において根本的に問題となるのは、倫理の完全な形を見出すことではなく、神の基本的な意志とは何か、さらにより根本的には、神自身が何であり人間へのその関わりの目的がどこにあるのか、ということだからである。イエスが自らの第一の課題と考え信じていたのは、倫理的秩序の刷新ではなく、神の国の到来を告げ、神自身の顕現と現存を人間の救いとして顕わにすることであった。イエスによれば、神は旧約において御自身の在り方を人間に経験させ、人間を神の恵みに与らせるために、契約を結ぶことによって律法を与えた。しかし、イエスにとって神の究極的な意図は、聖書で言われる創造の七日目の安息（創二・一―三参照）を通して、人間の神との共同存在を約束したことにある。それゆえ、律法における安息日の掟（出二〇・八―一一）によって人間に命じられた安息は、倫理と典礼を定める範囲をはるかに超えて厳密に神学的な意味をもち、神の本性と神の人間への関わりを表している。イエスは安息日を選んで多くの律法学者の前で幾度も病人を癒すことで、神にとって何が「安息」つまり喜びなのかを教えようとしていた。「わたしの父は今もなお働いておられる。だから、わたしも働くのだ」（ヨハ五・一七）。イエスが説明しているように、神の働きとは「命をお与えになる」（ヨハ五・二一）ことである。ここでイエスは、掟の枠を超える自分の行いを例外として許されたものと見なすのではなく、安息日の意味、つまり神の本質によって頼まれた義務と判断していることを明確にしている。「『安息日に律法で許されているのは、善を行うことか、悪を行うことか。命を救うことか、殺すことか。』彼らは黙っていた。

そこで、イエスは怒って人々を見回し、彼らのかたくなな心を悲しみながら」癒し、「手は元どおりになった」（マコ三・四―五）。イエスが怒っているのは、人間には神の最も中心的な意図が自然な感情として元より伝わっており、神の御旨が人間の健やかさにあることは当然に分かるはずであると、理解していたからである。イエスは、そうした無理解に囲まれてこの癒しを行うことが自分に対する決定的な敵対関係を引き起こすことを知りながら、神の真の在り方と御旨を力をもって表すことを、自分の課題と見なしていた。「ファリサイ派の人々は出て行き、早速……どのようにしてイエスを殺そうかと相談し始めた」（マコ三・六）。手の萎えた人の癒しを翌日に延ばすことはむろん可能であったが、ファリサイ人には、神がどういう方であるかを、まさに安息日にこそ教えるべきであると、イエスは自身の命をかけて確信していたのである。

マルコ福音書のこの箇所の直前には「弟子たちは歩きながら麦の穂を摘み」（マコ二・二三）、ファリサイ人によってその行為が非難されるという場面がある。ここでもイエスは弟子たちを弁護するだけではなく、この小さな出来事をきっかけにして安息日そのものは何を意味するのか、すなわち神自身は御自分の権限を何のために働かせ、どの意味で理解されることを望んでおられるのかを明らかにしようとした。「安息日は、人のために定められた。人が安息日のためにあるのではない」（マコ二・二七）。すなわちイエスが示しているのは、神は人間のためになることを目的とし、人間を生かそうとすることを御自分の永遠の安息における喜びとされるということである。さらにこのことを力をもって啓示することは、自分自身の課題であるとはっきり述べている。「だから、人の子は安息日の主でもある」（マコ二・二八）。

まさしくこの神理解のうちに、イエスは「わたしと父とは一つである」（ヨハ一〇・三〇）と知っていた。「わたしが来たのは、羊が命を受けるため、しかも豊かに受けるため」（ヨハ一〇・一〇）であり、つまり自分が「仕えるために」（マコ一〇・四五）遣わされていると理解していた。神が創造から始まってそのすべての業において、それゆえにイエスの生涯と運命においてこそ、人間のために働いてくださる方であるということはイエスの神理解となっており、自分がさまざまのたとえ話を通して伝えるべき福音であると考えたのである。「あなたたちはその方を知らないが、わたしは知っている」（ヨハ八・五五）。イエスは自らの言葉と行いでもってこの神を告げて、人間が神を「人を奴隷として再び恐れに陥れる」審判者としてではなく、愛の霊によって「子とする」（ロマ八・一五）「慈愛に満ちた父、慰めを豊かにくださる神」、つまり「わたしたちの主イエス・キリストの父」（二コリ一・三）として認める信仰へと導くために尽力した。既存の認識では信じ難いイエスのこの教えを受け入れ、このメッセージの起源がイエス自身に見られる神と人との関わりにあることを理解するならば、イエスの言葉と生活が神の自己表現であることは明白になるであろう。ここでは、イエスの生涯と福音の内容が一貫してこの神理解に由来していることをいくつかの例で示唆するに留めたい。

四　へりくだる愛――イエスによる神の国の福音

イエスが「律法学者のようにではなく、権威ある者として教え」（マタ七・二九）た態度を支えたのは、「わたしが、自分勝手には何もせず、ただ、父に教えられたとおりに話していること」（ヨハ八・二八）に基づく。イエスの教えは、鳥を養い、種を成長させる「あなたがたの天の父」（マタイ六・三二）、あるいは羊飼いや放蕩息子の父親の人間らしい態度を浮き彫りにすることを通して、神の限りない憐れみと愛が世界の中で働くことを唱えている。それゆえに、この主張によって彼のたとえ話には説得力があった。こうした世界と超越という二つの次元の合致は、神が愛する父であるというイエスの神理解において頂点に至る。この神理解の前提と基盤は、神内の在り方や心と、神の人間や世界への関わり方との全面的な一致に対するイエスの信仰のうちにある。すなわち神は、御自分のうちに完全であり愛する存在であると同様に、人間への関係においても――それは全く神の自由によるのではあるが――同じ愛をもって実際に関わってくださるという大前提である。この一致は、神が御自分のうちに完全で絶対的に良い方なので、祈り求めている人間に対して最も良いもの、ルカの言葉では「聖霊を与え」（ルカ一一・一三）ることによって答えてくださるということでも、明らかにされる。自分のうちに完結し関わりを知らない神理解――アリストテレス（Aristoteles 前三八四―三二二年）に見られるような――とは全く異なって、イエスはこの神の「中」と「外」とは事実上一致することを理解し、人生において実現する神の愛の福音を説くことになる。「父よ、わたしに与えてくださった人々を、わたしのいる所に、共におらせてください。それは、天地創造の前からわたしを愛して、与えてくださったわたしの栄光を、彼らに見せるためです」（ヨハ一七・二四）。「わたしに対するあなたの愛が彼らの内にあり、わたしも彼らの内にいるようになるためです」（ヨハ一七・二六）。

神内の御子が世界内のイエスと同じ一つの存在であるので、神内の父と子との間の本質的な愛は、イエスにおいて世界内に現存することによって、すべての人がイエスの「兄弟」（ロマ八・二九、ヘブ二・一一、ヨハ二〇・一七）になり、イエスに対する父の無制限な愛が世界内に働く力となっている。「神は、その独り子をお与えになったほどに、世を愛された」（ヨハ三・一六）。神内の愛が「世」の中にいる人間に対して、「主キリスト・イエスのうちにある（原文通り）……愛」（ロマ八・三九）となり、その「御子をさえ惜しまず死に渡す」ことによって「御子と一緒にすべてのものをわたしたちに賜」（ロマ八・三二）った。それは、御父は御子を愛して「霊」——そのうちに御自身——を「限りなくお与えになるからである」（ヨハ三・三四）。イエスにおいて生起したこの保留のない神の自己開示は、イエスの神理解を、その自己理解と活動と共に生かしている。

その意味で、イエスは神への関わりの基盤をもはや律法に求めるのを止め、「律法と預言者」（ルカ一六・一六）、つまり旧約全体を神への無制限の愛という根本的に唯一の掟へと還元して、神との関係を愛に基礎づける。「『心を尽くし、精神を尽くし、思いを尽くして、あなたの神である主を愛しなさい。』これが最も重要な第一の掟である」（マタ二二・三七―三八）。次いで隣人愛を「これと同じように重要である」（マタ二二・三九）とし、掟として神への愛の掟に並置する。これによって神への愛の無条件性が狭まるのではなく、逆に他者との関係における排他性の除去を通して、神への愛の無条件性をいっそう打ち立てていくことになる。

第一の掟と言われる神に対する愛の無制約性は、人間に対する神の愛の無制限性を前提にして、それに応えるものである。というのも、人間が自分に対する神の愛の無際限性を知らず、ある限度をもった愛として理解した場合には、人間の側からの神に対する無制限の愛が不可能になってしまうからである。イエスのこの考えに従って言うならば、神と人間との間の関係は、神から開かれながらも全面的な相互関係である。それは愛において、「神の身分」(フィリ二・六)と人間の本質的な在り方との間にある落差を排除する。この高低の差の克服を、イエスは神を王としてなどではなく父と呼び、同時に人間とイエスとの関係を兄弟関係として捉えることによって示している(ヨハ一九・二六、同二〇・一七、ロマ八・二九、ヘブ二・一一参照)。律法の遵守を基盤にしたところから愛を中心にしたこの根本的な転換は、パウロによる表現では、単なる存在論的あるいは社会的な根拠に基づく奴隷関係から神の子とする(ロマ八・一五参照)憐れみとへりくだり、つまりは愛のつながりに拠る関係へと変わっていく。さらにヨハネはその際、人間が神の「子」とされるという言い方には、上下の区別を思わせるようなニュアンスがまだ響いていることに配慮して、差異よりも類似、つまり「似ていること」を浮き彫りにしようとしている。「御父がどれほどわたしたちを愛してくださるか、考えなさい。それは、わたしたちが神の子と呼ばれるほどで、事実また、そのとおりです。……わたしたちは、今すでに神の子ですが、自分がどのようになるかは、まだ示されていません。しかし、御子が現れるとき、御子に似た者となるということを知っています」(一ヨハ三・一―二)。

ファリサイ人の批判を恐れることなく、イエスが思い切って生き通した人間関係は、全面的にこの神理解と愛の理念を反映している。イエスは「神」という言葉を慎重に用いて、神の絶対性を大事に守りながらも、むしろその慈しみ深い近さを強調したのである。信仰と経験に支えられたこの神理解に動かされて、イエスは罪人《つみびと》と親しく交わり彼らの宴会にも同席し、その結果、「大食漢で大酒飲みだ。徴税人や罪人の仲間だ」(マタ一一・一九)とさえ揶揄された。しかしこの生き方は、イエスにとって旧約に謳われた神の知恵――神の子の性格の象徴――のふるまいの成就にほかならなかった。「御もとにあって、わたしは巧みな者となり、日々、主を楽しませる者となって、絶えず主の御前で楽を奏し、主の造られたこの地上の人々と共に楽を奏し、人の子らと共に楽しむ」(箴八・三〇―三一)。イエスはこの意図を「知恵の正しさは、その働きによって証明される」(マタ一一・一九)と、自ら言明している。

このような態度でもってイエスはただ社会の中の差別を克服するだけではなく、より根本的な意図で、神の権限を拠りどころにして、罪人である人間の聖なる神に対する隔たりを解消する徴を立てたのだった。「なぜ、あなたたちの先生は徴税人や罪人と一緒に食事をするのか」という批判に対して、イエスは弁明している。「医者を必要とするのは、丈夫な人ではなく病人である。『わたしが求めるのは憐れみであって、いけにえではない』とはどういう意味か、行って学びなさい。わたしが来たのは、正しい人を招くためではなく、罪人を招くためである」(マタ九・一一―一三)。行いの正しさを自認するファリサイ人ではなく、罪人として責められる人こそ、人間そのものを神の前に代表するからである（ルカ一八・一〇―一四参照）。罪人とのこうした連帯は、イエスを犯罪人たちの間で彼らの一人として死を成し遂げるところまで導く（ルカ二三・三九―四三参照）。これこそが神の無制限の憐れみを表す愛による和解の実現となった（二コリ五・二一参照）のである。

五　新しい掟――信仰に基づく愛

神が愛と憐れみであるという理解に基づいて、神への保留のない愛はイエス自身にある模範のとおり、隣人愛を不可欠の部分として包含している（ヨハ一五・一三、一ヨハ三・一六参照）。「友のために自分の命を捨てる」（ヨハ一五・一三）というこの隣人愛は、その深みにおいても厳しさにおいても、どの律法にも勝る。イエスの説く倫理は、この二重で一つである愛の掟に尽きているが、律法による掟はこの愛の掟に由来する限り、より純粋な精神で満たされる。それは、神の愛の啓示と遂行がイエスと共に世に来て、イエスによる人間の新しい命を成しているからである。「わたしは御名を彼らに知らせました。……あなたの愛が、彼らの内にある……ためです」（ヨハ一七・二六）。

イエスの言葉と行いにおいて顕わになり、御自身を与えた愛の神は「聖霊によって与えられる義と平和と喜び」という「神の国」（ロマ一四・一七）の中心と源を成している。それゆえこれ以後は、人間の完成はその規範をもはや単なる人間の自然な在り方のうちにもつのではなく、イエスが「わが父」と呼ぶ神に与ることのうちにもつことになる。「あなたがたの父が憐れみ深いように、あなたがたも憐れみ深い者となりなさい」（ルカ六・三六、マタ五・四八参照）。イエスが弟子たちに開く人間の完成は、神の完全性と不可分的になっている。したがって、人間はイエスと共に「愛の実践を伴う信仰」（ガラ五・六）によって神と結びついている限り、人間らしい真なる人になる。「わたしのために命を失う者は、それを得る」（マタ一六・二五、ヨハ一二・二五参照）。

愛は自分自身を与えるものにほかならず、この本質的な点において、神の愛と人間の愛とは重なる。貧しいやもめ（ルカ二一・一―四参照）の場合のように、神、そして人に差し出す物の価値や量の多寡にかかわらず、その中に聖書で言う「心」という人間の中心が与えられる限り、そこにおいて人間の愛は神の愛と一つである。永遠の命が湧き上がって伝えられる。それはイエスのうちに神の本性と人間の本性が「混合、変化、分割、分離せずに存在する」（カルケドン公会議、四五一年、DS三〇二）ことにも似ており、神的な愛と人間の愛は、イエスの場合のように愛する人のうちに一致している。たとえ段階はあっても、愛そのものはその本質において、また聖霊の息吹きのもとで一つだからである。この愛の本質的核心は、最も単純でしかも無制限に「善い」ということへの肯定にあり、その喜びと実現に結実する。「神おひとりのほかに、善い者はだれもいない」（マコ一〇・一八）。

第七章　神の顕れであるイエス

一　基盤――イエスはキリストである

イエスは「大工の息子」（マタ一三・五五）として知られていた。このイエスを「神の子メシアであると信じる」（ヨハ二〇・三一）ことは、キリスト教の基礎であり要であると同時に、「つまずきの石」（イザ八・一四、マタ二一・四二参照）ともなった。初代教会が発した最初のメッセージは、「この方こそ、『……隅の親石となった石』です。ほかのだれによっても、救いは得られません」（使四・一一―一二）という主張であった。この信仰は、古代末期を代表するニカイア（三二五年）とコンスタンティノポリス（三八一年）の信仰宣言においてイエスの神的存在によって裏づけられる。「主は神のひとり子、すべてに先だって父より生まれ、神よりの神、光よりの光、まことの神よりのまことの神、造られることなく生まれ、父と一体……」（DS一五〇）。カルケドン公会議（四五一年）ではさらに進んで、キリストにおける神性と人性の、混合も分割もない一致を強調している。「同じ唯一のキリスト、主なる独り子であり、二つの本性において混合、変化、分割、分離せずに存在する」（DS 三〇二）。ここではキリストに対する教会の信仰が聖書に基づいて明確に規定され、特にキリストの神性が――四世紀のアレイオス派との論争の結果を反映して――精確に定義されている。しかし、人間としてのイエスの在り方については、確かに同じく明瞭に主張されてはいるものの、その役割において、また御子の神性とのつながりに関して、説明し尽くされているとは言い難い。

教義の諸定義は、古代思想の存在論的・本質論的形而上学を背景に、相応に正確を期した必然的・不可欠な命題によるものである。それらは、そのものとして教会における信仰の遺産と基盤を成し、変わることなく受容されている。一方で、近世半ばから近代・現代に至ると人間の理性への反省が深まり、人間自身をあらゆる理解の普遍的な地平と中心に位置づける立場が多くとられるようになった。それに伴い、古代の存在論的なキリスト論を補い、また発展させるという意味においても、人間であるイエスの有様と役割を問う必要性が強く意識されるようにもなった。その際、単に「下から」の方法でイエスの姿を一般の人間論の枠組みに嵌め込み、その歴史的・社会的状況などに照らして解釈するに留まるのではなく、古代の問題意識を受け継ぎながら、なおかつ聖書の証言から出発して人間イエスと信仰のキリストとのつながりを新たに探り、彼を神性と父なる神とのつながりとが顕わになる場として理解することが、喫緊の課題となってきた。

この課題には、二重の段階があると考えられる。一つには、イエスにとって人間であること自体が、「わが父」とイエスに呼ばれる方との関係において何を意味するかが問われるべきである。さらに、この父なる神との関わりを踏まえ、イエスの実際に生きてきた具体的な人間性の主な特徴を少なくとも輪郭として描き出すという課題があるだろう。こうした解釈の試みにおいて、古典的なキリスト論の教義とイエスの人間性に対する具体的な理解との間の相互作用によって、古代のキリスト論がイエスの人間性に関して豊かにされるとともに、人間の自己理解を視点とする近現代的な問題意識が教義の信仰に向かって開かれることが期待できよう。

二　神の受肉

「ヨハネ福音書」の序文（一・一―一八）は、もともと神と共にある永遠の「言《ことば》（ロゴス）」あるいは「神のふところにいる独り子である神」（ヨハ一・一八）が「まことの光で、世に来てすべての人を照らす」（一・九）と述べ、その極みを「言は肉となって、わたしたちの間に宿られた」

「わたしたちはその栄光を見」（一ヨハ一・一）、「手で触れたもの」（一ヨハ一・一四）としている。「肉」となった言葉は、弟子たちによって「よく見て、手で触れたもの」であり、それは「聞いたもの、目で見たもの、よく見て、手で触れたもの」であり、それは「恵みと真理とに満ちていた」（ヨハ一・一四）。

この主張は、イエスがその存在を通して「神を示された」（ヨハ一・一八）ので、人間イエスの存在は、神的光の顕現（テオファネイア）する場であることを語っている。神の顕現を媒介することは、イエスの人間性の第一の役割と考えられる。それによって、超越し隠れている神の特徴と「その栄光」――つまり恵みと真理――がイエスに固有な人間性に担われ、すべての人間にその知解を可能にすることになるのである。神の「外」に向かって輝き出て世界の「中」に入る「真理と恵み」が、「言」や「独り子」に帰せられるのは、「言葉」ないし「子」そのものが第一の起源から生じる関係性をその意味に含んでいるからであろう。そもそも「万物は言によって成った。成ったもので、言によらずに成ったものは何一つなかった」（ヨハ一・三。コロ一・一六参照）とあるように、地上のすべてのものは、それらを支える言葉との関係を通して、本来的に神の真理と恵みが顕現する被造物なのである。

この顕現は、「言葉」と言いうるほどに透明なイエスの人生から見ても、さらに、自らをありのままに伝える「言葉」の語り手や「独り子」を生み出す「父」（ヨハ一・一八）から見ても、人間存在そのもの、そして特にイエスの具体的な人間性――この人となるという受肉――において、乗り越えられないほど完全なものである。それを通して神が「わたしたちに語られた」（ヘブ一・二）「御子」は、「神の栄光の反映であり、神の本質の完全な現れ」（ヘブ一・三）である。すなわち、この御子を通して「わたしたちの救い主である神の慈しみと、人間に対する愛とが現れた」（テト三・四）。

イエスにおいて明らかなかたちで成就する神の命の顕現は、あらゆる人間存在そのものに、その内的光として萌芽的に植えつけられている。「言の内に命があった。命は人間を照らす光であった」（ヨハ一・四）。すなわち、人間そのものに固有な尊厳は、世界内的で対象化可能な有限的なものによってのみではなく、本来、無限な神性との関係のもとに構成されている。「創世記」によれば「神は御自分にかたどって人を創造された」（創一・二七）ので、ちょうど模写が類似の関係でもとの範型に向かって透明であり、根源を表そうとするのと同様に、キリストは「天に属するその人」（一コリ一五・四八）また「神の似姿」（二コリ四・四）として、自身の人間性でもって神を、その最も優れた在り方である愛において反映している。キリストはこのようにして神を示すと同時に、人間そのものの最高の可能性と使命をも表している。「神は前もって知っておられた者たちを、御子の姿に似たものにしようとあらかじめ定められました」（ロマ八・二九）。それゆえ、信仰による「新しい人間」（エフェ四・二四）の像は、イエスが顕し、ご自身において実現した神の像に由来する。「言は、自分を受け入れた人、その名を信じる人々には神の子となる資格を与えた。この人々は、……神によって生まれたのである」（ヨハ一・一二―一三）。

イエスの人間性をはじめとして、人間そのものの姿が神の輝きを明るみに出しうるというキリスト論の基礎づけは、パウロとヨハネに共通して見られる。それは後のキリスト教芸術の基盤ともなった。御子である人間イエスは、まさにその目に見える姿をもって神を顕わにすることによって、「神の像を作るな」という旧約の厳格な禁止（出二〇・四参照）を不要なものとした。このように、受肉によって神の栄光が人間イエスにおいて見えるものになったため、九・一〇世紀には、人間の姿に描くことで神性を表すことは可能であり、信仰の正当な表現でもあると教父たちや教会が認めるようになった。それに伴って、イエスとの類似に基づいて聖人たちのイコンが制作されていく。「天に属する者たちはすべて、天に属するその人（キリスト）に等しいのです。わたしたちは……天に属するその人の似姿にもなるのです」（一コリ一五・四八―四九）。恵みと真理に満ちた神の有様と現存を顕す人間イエスの姿が「新しい人間」の範例になりえたのは、神に属し「神の言葉を受けた」（ヨハ一〇・三五）人間が、一定の対象的なかたちには定まらないけれども、神の子に類似して人生のいかなる場においても神的光を放つからである。こうして、恵みと真理に満ちたイエスの姿に基づき神の現存を伝える人間像が、イエスを起源として形作られることになった。

イエス自身、隠れた神と目に見える自分の姿との間には、一貫した連続性と同一性があることに言及している。「わたしを見た者は、父を見たのだ。なぜ、『わたしたちに御父をお示しください』と言うのか。わたしが父の内におり、父が私の内におられることを、信じないのか」（ヨハ一四・九―一〇）。イエスと神なる父とのこの相互的内在は、認識の次元では、互いが自分を通して相手を現すことを意味している。つまり、イエスを通して父なる神を（ヨハ八・一九、一四・六参照）、また御父を通してイエスを認める（ヨハ六・四五参照）ことになる。この認識における相互関係は、父と子の神内の相互的関わりの遂行にほかならない。「父のほかに子を知る者はなく、子……のほかには、父を知る者はいません」（マタ一一・二七）。弟子たちがイエスに従い、神を知ろうとするとき、その追求は父を示す子から始まっている。それは、父がその恩寵と声を通してキリストによる啓示を「幼子のような者にお示しになる」（マタ一一・二五）ことが、彼らの心の深みに響いているからであろう。「父が引き寄せてくださらなければ、だれもわたしのもとへ来ることはできない」（ヨハ六・四四）。

三　イエスの人性による神の顕現

イエスは人性がどのような状況にあろうとも、自身に元来具わる父なる神との直接な関わりを無媒介に生き抜き、それを常に開かれたままで保とうとする。一二歳のイエスは早くも、見失ったわが子を探している両親と神殿で再会したとき、「わたしが自分の父の家にいるのは当たり前だということを、知らなかったのですか」（ルカ二・四九）と答えている。そのときから、迫り来る受難に向かうにあたり「わたしが願うことではなく、御心に適うことが行われますように」（マコ一四・三六）と述べるときまで、あるいはより根源的に考えれば「世に来られたとき」（ヘブ一〇・五）から、イエスの努力は「『御覧ください。わたしは来ました……神よ、御心を行うために』」（ヘブ一〇・七）という態度に尽きている。「わたしの食べ物とは、わたしをお遣わしになった方の御心を行い、その業を成し遂げることである」（ヨハ四・三四）。

イエスの宣教活動と受難の受け入れとは、この意図において一貫して一致している。それがイエスの自己そのものを成しているとさえ言えよう。「あなたたちは、人の子を（十字架へ）上げたときに初めて、『わたしはある』ということ、また、わたしが、自分勝手には何もせず、ただ、父に教えられたとおりに話していることが分かるだろう。わたしをお遣わしになった方は、わたしと共にいてくださる。……わたしは、いつもこの方の御心に適うことを行うからである」(ヨハ八・二八―二九)。この生き方において、人間イエスと御子の神的存在、また人間の意志と神的意志とが、二つでありながら全面的に合致している。神の存在と愛の限りない流入(ヨハ三・三四参照)の受容こそがイエスの人格の中心を成し、それを通して神の自己譲渡の実現とその顕現となる。イエスが前述の言葉(ヨハ八・二八)の中で、神の自己表現である「わたしはある」(出三・一四)という神の「名」を自分自身に当て嵌めることができたのは、その所以である。またこの意味でイエスの言う「わたし」は、まさにイエス自身のことであり、しかも自らが神の自己表現にほかならない。それが神の場であり、「名」なのである。

四　イエスの態度に見られる神の有様《ありよう》

イエスは祈りと生活において、「わが父」と呼ぶ神との結びつきを常に保ち続けている。そのもとには「御自分が神のもとから来て、神のもとに帰ろうとしていることを悟」(ヨハ一三・三)ったという意識が働いていた。この「生きておられる父がわたしをお遣わしになり、またわたしが父によって生き」（ヨハ六・五七）るというイエスの自己理解は、根源的に「わたしと父とは一つである」（ヨハ一〇・三〇）という確信に支えられる。イエスの存在の深みから生じている神に属するという自覚が、彼の思いと意志を貫いており、そのすべてから行動へと結実するかたちでイエス自身の命の核となっている。この内なる起源そのものにおいて、イエスは神的命と人格的愛に満ちた「主の力が（自分、すなわちイエスにおいて）働いて」（ルカ五・一七）いること、そして神の態度と自分自身の態度が一致していることを知る。この実感によって、自分が神の現存と顕現であることを反省以前の内的な根源から実行するのである。そこから湧き上がる態度は、起源である神自身の態度にほかならず、かくして神の有様とその心を顕すことになる。なぜなら、人間イエスの態度の根底で、神自身の命がイエスを力強く動かしているからである。「この命は現れました。……わたしたちに現れたこの永遠の命を、わたしたちは見て、あなたがたに証し、伝えるのです」（一ヨハ一・二）。

さて、このような意味合いでイエスのうちに神の態度が顕わになる例として、神の愛を考えてみよう。「わたしたちの主イエス・キリストの父である神、慈愛に満ちた父、慰めを豊かにくださる」（二コリ一・三）神が、慰めと――それに近接する――慈愛と恵みの源であることはパウロの経験であり、彼のキリスト像を特徴づけている。イエスにとって、こうした愛の起源は御父から「あなたはわたしの愛する子、わたしの心に適う者」(ルカ三・二二)と言う声が聞こえたことにあった。この理解に基づいてイエスは、「父がわたしにお与えになる人」を「皆」(ヨハ六・三七)、神の愛をもって愛したのである。「愛は神から出るもので、愛する者は皆、神から生まれ、神を知っているからです」(一ヨハ四・七)。こうしてイエスのうちには、神の理解そのものと愛についての理解が不可分的につながっている。

ちなみに、旧約聖書で掟とされている人間の側からの神への愛よりも先に、「神がわたしたちを愛し」(一ヨハ四・一〇)たとヨハネは書いている。この言葉の根拠となるのは、神が「独り子を世にお遣わしになり」(一ヨハ四・九)、「独り子をお与えになったほどに、世を愛された」(ヨハ三・一六)ことである。だが、わたしたちにおける愛の理解は、イエスが示した具体的な愛に基づく。「わたしたちのために、命を捨ててくださいました」(一ヨハ三・一六)。イエスとの個人的な関わりは、パウロにおいてまさにこの信仰に養われている。「わたしが今、……生きているのは、わたしを愛し、わたしのために身を捧げられた神の子に対する信仰によるものです」(ガラ二・二〇)。

イエスにとって愛は神の本質を示しており、その「御名を彼ら(弟子たち)に知らせました。……わたしに対するあなたの愛が彼らの内にあり、わたしも彼らの内にいるようになるためです」（ヨハ一七・二六）。世界の只中でイエスを源とするこの愛は、「わたしがあなたがたを愛したように、互いに愛し合」（ヨハ一五・一二）うことによって、まず弟子たちの間に広がり、その愛に伴う「喜び」（ヨハ一五・一一）と「平和」（ヨハ一四・二七）によって、さらには、互いに「友」（ヨハ一五・一五）となることや「一致」（ヨハ一七・二一―二三参照）することによって証される。こうして父なる神が「わたしを愛しておられたように、彼らをも愛しておられたことを、世が知るようになります」（ヨハ一七・二三）。

愛の中から流れ出る憐れみと赦しは、イエスの心を示している。しかしながらイエスは、愛について多くを語るよりも、地味なかたちで愛を生きることに努めた。病人を癒しながら自分については主張することなく、「柔和で謙遜な者」（マタ一一・二九）、「仕える者」（マタ二〇・二六）、「給仕する者」（ルカ二二・二七）、「皆の中で最も小さい者」（ルカ九・四八）となった。時には「徴税人や罪人の仲間」（マタ一一・一九）として揶揄までされたが、「争わず、叫ばず、その声を聞く者は大通りにはいない」（マタ一二・一九）。だが一方でイエスは、神の言葉を力強く「権威ある者として」（マタ七・二九）広めたために、反対者たちからは恐れられる（ヨハ一九・八参照）。「神の愛とキリストの忍耐」（二テサ三・五）は、イエスの言葉において互いに照らし合い、「神の力、神の知恵」（一コリ一・二四）は、受難に際して無力と愚かさを身に受けることさえ恥としなかったのである。

五　父との関係におけるイエス

ここまで、イエスがその基本的な態度において神の自己表現であり、神を顕していることを素描してきた。しかしイエスにとって愛は、抽象的な概念や理念として成り立つものではなく、第一の存在であり力ある神、つまり「わが父よ」と呼ばれる方の「心」にほかならなかった。イエスが神を父として知り、それに対応して自分自身を単純に「子」として表現していることは、イエスが生きようとした超越との関係の根幹であり、中心である。「御父は御子を愛して、その手にすべてを委ねられた」(ヨハ三・三五)。「父」に全面的に対応する「子」は、「父のなさることを見なければ、自分からは何事もできない。父がなさることは何でも、子もそのとおりにする。父は子を愛して、御自分のなさることをすべて子に示されるからである」(ヨハ五・一九―二〇)。

父と子の間のこのような関係に基づいて、父なる神の内的な有様と意志について言いうることはすべて、基本的には人間であるイエスのうちに現れ、イエスの姿と言葉から読み取れるはずのものであろう。加えて、イエスにとって起源となる父なる神との関係それ自体に含まれている特徴もまた、イエスをまさに神の顕れとして構成するものである以上、イエスに本質的に具わっており、しかも愛を中心とするものである。父なる神とイエスとの間のこうした関係は、イエスを相手にする父から生じて子へと関わる愛であり、イエスはそれをたびたび「遣わされている」、自分が「……をするために来た」といった表し方で言及している。それに対してイエスの側から父への関わり方は、福音書で浮き彫りにされているように、父に「聞く」、「見る」、「聞き従う」、あるいは「祈る」、「願う」、「感謝する」、「栄光を表す」ことであった。さらに、これらの表現に含まれている父を「ほめたたえる」、「信頼する」、「愛する」、「知る」、「（霊を御手に）委ねる」、「（その言葉を）待つ」、「共に喜ぶ」ような態度と行為である。イエスは父に対する自分の愛をそのように表現し、実現しようとした。「わたしは父を重んじている……わたしは、自分の栄光は求めていない」（ヨハ八・四九、五〇）。

かくして、一つでありながら逆の方向から互いに相手と向き合う父と子との関わりにおいて、愛そのものが与えられると同時にまた受け取られるという仕方で、命が交わされる。この交わりの中で、イエスは子として神の完全な似姿へと形作られる。このような二重の関係性の根底と中心をなすのは、双方が一致して愛の結びつきによって互いの内にあるということである。その中心から人間イエスの行いと言葉は発してくる。「わたしの内におられる父が、その業を行っておられるのである。わたしが父の内におり、父がわたしの内におられると、わたしが言うのを信じなさい」(ヨハ一四・一〇―一一)。父の心から生まれる「愛する御子」(コロ一・一三)が、「見えない神の(見える)姿である」(コロ一・一五)。この関係においてこそイエスは、神の知恵に満ちた愛をもって世界を根拠づける方であり、「神の本質の完全な現れであって、万物を御自分の力ある言葉によって支えておられます」(ヘブ一・三)。

六　非類似性における父の顕れであるイエス

以上に見てきたようなイエスが神の顕れであるという主張に対しては、イエスの具体的な生と死に基づいて、常識の側からに限らず、特にパウロの十字架の神学の側から批判が挙げられるだろう。これらの疑問を克服し解消するためには、神の(愛の)顕現としてのイエス論を、より深くその究極的な意味において規定し直す必要があろう。

聖書と教会の信仰によれば、イエスの人生は十字架へと挙げられたときにその頂点に至る。だが、具体的な受難に直面するとき、人間の自然な感情にとってはもとよりイエス自身の経験においても、神が遠く離れている方と理解されているように思われる。「キリストは、わたしたちのために呪いとなって……『木にかけられた者は皆呪われている』と書いてあるからです」（ガラ三・一三）。実際、イエスは苦難の絶頂にあって、神が自分を断罪するのではないかという不安に陥っている。「『わが神、わが神、なぜわたしをお見捨てになったのですか』」（マコ一五・三四）。パウロによれば、こうした死に方において「罪と何のかかわりもない方を、神はわたしたちのために罪となさいました」（二コリ五・二一）。そうであるならば、死の苦悩と戦うイエスを「神の栄光の反映」（ヘブ一・三）としてではなく、それとは正反対に「肉において罪を罪として」（ロマ八・三）断罪された人間に過ぎないと見なす以外になくなってしまう。

イエスは「神と等しく」あることを喪失して「無に」なり、普通の「人間と同じ者になられました」（フィリ二・六―七）。そのうえイエスの人間性は、受難の際だけではなくその存在の始めから神性の顕れをむしろ制限し、あたかも奴隷状態につながるものであったことをパウロは主張する。「神は、その御子を女から、しかも律法の下に生まれた者としてお遣わしになり」（ガラ四・四）、「神の子供たちの栄光に輝く自由」（ロマ八・二一）というよりも「罪深い肉と同じ姿でこの世に送」（ロマ八・三）られた。こうした事実を鑑みれば、神によってイエスに与えられた人間性とそれに含まれる受難という使命は、「ギリシア人」と「ユダヤ人」には「神の愚かさ……神の弱さ」（一コリ一・二四―二五参照）のように映り、言うなれば、逆説のもとに隠された啓示と解釈されざるを得ないだろう。では、イエスの自己理解と自己表現に従って、はたして彼を神に遣わされた方として信じることができるのであろうか。

この問いに対する答えのうちにこそ、イエスが神の顕現でありその類似であることが、最も深い意味で明らかになるはずである。神的な完全性とはかけ離れ、神に対する極端な非類似性と思われるイエスの苦難のありさまにおいてこそ、神とのより根源的な真なる類似が隠れているということが、果たしてそれでもなお発見可能であろうか。このことはイエス自身にとっては、旧約自体が理解への導きとなっている。すなわち、イエスの理解において（旧約）聖書全体の意味は、イエスの人間性に具わる限界やその苦悩と滅びを完全性への道として考えるべきである。「ああ、物分かりが悪く、心が鈍く預言者たちの言ったことすべてを信じられない者たち、メシアはこういう苦しみを受けて栄光に入るはずだったのではないか」（ルカ二四・二五―二六）。おそらくここでイエスの理解を支えていたのは、イザヤの預言に描かれた苦しむ「神の僕」（イザ五三章参照）の姿であったであろう。

そのように「キリストは御子であるにもかかわらず、多くの苦しみによって従順を学ばれました。そして、完全な者となられたので、御自分に従順であるすべての人々に対して、永遠の救いの源」（ヘブ五・八―九）となった。人間にとって望ましく思われるあらゆる有限的なものを放棄することを進んで受け入れたイエスは、この従順を通して超越そのものへの道を開く。そして直接に、神の意志や心と一体になったのである。というのも、「多くの子らを栄光へと導くために、彼らの救いの創始者を数々の苦しみを通して完全な者とされたのは、万物の目標であり源である方に、ふさわしいことであったからです」（ヘブ二・一〇）。

受難がイエスに「ふさわしい」課題であるのは、それが神の本性そのものを人間の在り方において表現するからではない。そうではなく神が人間の救いを自らの目標とし、その無償の愛をもって、御自分から最も遠く離れ、罪と死に支配された人間にまで「へりくだ」（フィリ二・八）ろうとしたからである。そのために「イエスは……すべての点で兄弟たちと同じようにならねばならなかったのです」（ヘブ二・一七）。神が、その本性から見れば他者に過ぎない人間へと、いわば「外」へ、また「下」に、つまり罪と死に向かっていく自己譲渡とは、愛の純粋な実行とその顕現にほかならず、まさにそれゆえに神に「ふさわしい」態度なのである。

イエスは受難を自由に引き受け、ペトロの諫めさえ誘惑として退け（マタ一六・二三参照）、むしろ「エルサレムに向かう決意を固められた」（ルカ九・五一）。これら数多くの事実から明らかなように、「多くの人の身代金として自分の命を捧げる」（マコ一〇・四五）ことを父から与えられた自分の人生の課題と見なした。そして、受難を目前にして「この世から父のもとへ移る御自分の時が来たことを悟り、世にいる弟子たちを愛して、この上なく愛し抜かれた」(ヨハ一三・一)。ここにおいてイエスは、神の意志に全く一致して、無条件的な愛を実現する。「イエスは、わたしたちのために、命を捨ててくださいました。そのことによって、わたしたちは愛を知りました」(一ヨハ三・一六)。

このように目に見える受難のかたちを通して、それを中から生かす神の自己譲渡を見届ける人は、「十字架につけられたキリスト」(一コリ二・二、ガラ三・一参照)のうちにこそ「神の秘められた計画」(一コリ二・一)と「神秘としての神の知恵」(一コリ二・七)を、つまり「キリスト・イエスによって示された神の愛」(ロマ八・三九)を信じて認めることができる。十字架が神の愛の決定的な啓示であると信じたパウロにとっては、この信仰そのものが人生を最も深く意義づけている。「わたしには、わたしたちの主イエス・キリストの十字架のほかに、誇るものが決してあってはなりません」(ガラ六・一四)。

なるほど十字架の神秘の栄光とは、「人の知恵」(一コリ二・一三)や「自然の人」(同二・一四)にとって、「それは愚かなことであり、理解できないのです。霊によって初めて判断できるからです」(同二・一四)。すなわち「このことは、『目が見もせず、耳が聞きもせず、人の心に思い浮かびもしなかったことを、神は御自分を愛する者たちに準備された』と書いてあるとおりです。

わたしたちには、神が『霊』によってそのことを明らかに示してくださいました。『霊』は一切のことを、神の深みさえも究めます」（一コリ二・九―一〇）。十字架上の最後の息で「自分の『霊』を渡した」（ヨハ一九・三〇、原文通りの訳）イエスは、貫かれたわき腹を通して愛の泉となり、命に対する人間の渇きを癒し（ヨハ七・三七―三九参照）、愛の霊を世界に吹き込んだ。これをもとに「わたしたちに対する神の愛を知り、また信じています」（一ヨハ四・一六）。イエスのうちに顕わになり、彼によって与えられた愛は、信じる人が希望をもって人生を――イエスに倣って――生きる力の源となる。「希望はわたしたちを欺くことがありません。わたしたちに与えられた聖霊によって、神の愛がわたしたちの心に注がれているからです」（ロマ五・五）。

第八章　キリストの現存の経験

一　信仰の根源を発見する課題

将来をめぐって考察し、人生の展望を構想する試みは、少年少女の見ている夢から始まり大人の慎重な配慮へと発展し、老年期における賢明な判断に至るまで人間の意識の底流を成している。しかし後から振り返ってみると、人生は計画通りに進むことはむしろ稀である。思いがけない出来事に直面したことによって視野が広がり、重点が深まるにつれて新たな方向が定まっていくことが多々認められる。そこで人生が個人の予想に従う場合よりも、実際の発展過程において、総じてより有意義で豊かなものになっているという評価がなされるであろう。確かに人生は各人の努力に大いにかかっている一方で、中には偶然と思われる出来事によって苦労が生じることも多いのだが、やはり全体としては自分に与えられているものであるという実感が湧く。このように人生の事実を肯定するのは、成熟した考え方が結ぶ実りであり、さらにこの見方自体も付与されているると理解されるようになる。

むろん、事実に対する賛成は諦めにほかならないという批判もありうる。人生の内容と意義の深さに対する責任は、各自にあると考えるべきだからである。しかし事実そのものとその意義を、人は自分の思い通りに作り出せないことのほうが、より根本的な真理であろう。こうして自身の想像力と能力の限界を了解して受け入れ、自分がそれではない根源的な「他」なるものに基づいており、この「他」によって働きかけられ、導かれていることに気づくようになる展望が開かれてくる。根本的な「他」なるものが人生において存在し働きかけてくることを認めると、自分なりの望みを絶対視することを乗り越えて、根源的なものに向かって自己を相対化し関係づけることが可能になる。さらにこの「他」なる存在は、自己にとって敵でも無関係なものでもなく味方であることを発見し、その現存に対して賛同することで、自分にとってこの「他」が、人生の具体的な事実を通して貴重な可能性を開き、それを実行する勇気を具えてくれる協力者であるという理解に至ることができる。

そのように一見して見通し難く、偶然の連続とも思われる人生を反感なしに受けとめる態度は、もはや諦めなどではなく、その「他」からの導きによる意義付与への肯定と心の積極的な信頼を含む。つまり心のこの動きは、根源的に見るならば、無制約的なところがあらゆる事実のもとに現存し、活動してくださるという、いわば「信仰」であるに違いない。こうした信仰に至らないとすれば、困難を多く含んでいる実際の経験に直面して自分自身を肯定しようとする生活態度は、根拠の無いものになってしまうからである。

もし人生の苦労を指摘し、それを根拠に人間存在の不条理さを論じ立てて訴え、根源による導きを否定すべきと考えるとすれば、どうなのだろうか。だが、このような虚無主義的な主張が一方で根強いにもかかわらず、多くの人は現実の自分の人生に対してこの消極的な見解への同意を控えるのではなかろうか。すなわち人生を大切にし、肯定すべきであるという人間らしい実感において、快楽主義を表面的な虚構に過ぎないと見抜き、目前のあらゆる困窮よりも根本的なところで将来を開く意味が具わっているという洞察が生じる。そして、この信頼をこめた理解に沿って、自分の人生を方向づけようと努めていくと考えられる。こうした積極的な存在理解の根拠は、十全に対象化できるものではないが、自らの現存を顕わす第一根源に対する潜在的な信仰の基盤を初めて成立させる。萌芽のようなこの「信仰」は未発展なものとはいえ、その内容に関しては根源的であり、態度としては顕在的で発展した信仰と基本的には異ならない。このように考えることが許されるならば、全面的に発展した信仰への考察を通して萌芽的で日常生活に潜んでいる信仰の在り方を浮き彫りにすることと、またそれとは逆に、この萌芽的信仰への反省を起点にして顕在的信仰の隠れた可能根拠を探っていくこと、という両方向からの検討は有意義であると思われる。信仰の完成したかたちは、キリスト教の教義に従えば復活したキリストに対する信仰であるので、以下には聖書が記述する復活したキリストの経験を手がかりに、日常性におけるその経験と実現の可能性に光をあて、信仰経験の最も中心的な理解に向かってキリストに対する信仰を考察したい。

二　共にいるキリスト

それぞれの福音書の最後には、復活したキリストが弟子たちに姿を現し、なおも彼らと共にいることを示す出来事が物語られている。こうした報告は、パウロの書簡に残る初代教会のいくつかの信条と、「使徒言行録」に読み取れる復活の説教の要旨とともに、後に信仰を受ける者に対してキリストへの関わりの基盤を示すものになっている。それと同時に、福音書記者の中でも特にルカとヨハネは、イエスがその地上の生活の後にどのような仕方で一人ひとりの弟子に関わり、信仰を引き起こすのかについて丁寧に暗示している。

まずマグダラのマリアは、他の婦人たちがイエスの遺体を見つけられないまま帰って行ったのとは異なり、一人きりで墓の近くに留まり、愛の涙を流してイエスが見当たらないことに苦しみ嘆いていた。しかし実際イエスは共にいて、背後から呼びかけると、マリアは心を貫くこの声に自分の名前を聞き取った。悲しみに沈んだ心から呼び出されたマリアには、イエスが生きており、すぐ傍にいて個人的な関わりを新たなレベルで生かしているだけではなく、「すがりつくべきではない」仕方で自分に接して下さることが分かった。そこからマリアは、イエスが自分の「兄弟」(ヨハ二〇・一七)と呼ぶ十一人にその現存を告げるため遣わされた。彼女は、使徒たちに「わたしは主を見ました」(ヨハ二〇・一八)と言って、信仰を彼らに証した。

次に、使徒たちが迫害を恐れて部屋に閉じこもっていたとき、イエスが彼らの真中に立ち、御自分を通して平安が彼らに向かって輝き出した。イエスの現存はその平安のうちに顕わになり、神がそこで共にいることによって、弟子たちの不安は大いなる喜びに代わった。イエスは自らの息、つまり霊を吹きかけながら、彼らを新しい人間(創二・七参照)に造り直し、聖霊を通して赦しを受難の実りとして人々に与える課題を授け、教会の基が堅く据えられた。

イエスが共にいるという経験は、弟子たちにとって「イエスは、聖書を悟らせるために彼らの心の目を開いた」(ルカ二四・四五)ことと密接な関係にあった。信仰を諦めかけた二人の弟子が（信仰の中心地である）エルサレムから離れてエマオへ向かっていたとき、「イエス御自身が近づいて来て、一緒に歩き始められた」（ルカ二四・一五）。弟子たちにはその人がイエスだと、最初は分からなかったが、彼の現存に気づくと、イエスが彼らを探しに来て共にいること、さらに受難の意義とイエスに与えられた「栄光」とのつながりを悟り、しかもこの同じ一つの体験のうちにイエスの事実と聖書の意味に対する理解を授かった。聖書全体の意味が、イエスにおいて成就するからである。「ああ、物分かりが悪く、心が鈍く預言者たちの言ったことすべてを信じられない者たち、メシアはこういう苦しみを受けて、栄光に入るはずだったのではないか」（ルカ二四・二六）。こうして程なく、信じる者にとって共に聖書の言葉に耳を傾けることは、イエスの現存を体験する場となった。「道で話しておられるとき、また聖書を説明してくださったとき、わたしたちの心は燃えていたではないか」（ルカ二四・三二）。イエスと十二使徒とが一つになっていた最後の晩餐のときと同じように、聖書に基づくこの二人の弟子のキリストとの出会いは、共に食事をする経験においてその頂点に至った。エマオで「一緒に食事の席に着いたとき、イエスはパンを取り、賛美の祈りを唱え、パンを裂いてお渡しになった。すると、二人の目が開け、イエスだと分かった」（ルカ二四・三〇―三一）。

これらの典型的な出来事を通して、さらに集まっている弟子たちの中心として「心も思いも一つに」（使四・三二）させているという経験は、その現存――イエスが日常の生活においても常に共にいること――の確実な徴となった。一晩中、漁をして働いた弟子たちに「イエスは、『さあ、来て、朝の食事をしなさい』と言われた。弟子たちはだれも『あなたはどなたですか』と問いただそうとはしなかった。主であることを知っていたからである」（ヨハ二一・一二）。最後の晩餐で開示されたイエスの愛の啓示に基づいて、信じている弟子たちの間には対立が消え、「キリストがすべてであり、すべてのもののうちにおられる」（コロ三・一一）実感が湧き上がった。そこから「週の初めの日、わたしたちがパンを裂くために集まっていると」（使二〇・七）、（それは）「キリストの体にあずかることではないか。パンは一つだから、わたしたちは大勢でも一つの体です」（一コリ一〇・一六―一七）という「共同体としての教会」の意識が始まる。

三　内にいるキリスト

イエスによる関わりとその理解についての経験を原点に、イエスにおいて見られた神との関係は、弟子の神理解にも方向性を与えた。つまり弟子たちは、「わたしたちの主イエス・キリストの父である神、慈愛に満ちた父」（二コリ一・三）の偉大さと親密な近さに対して目覚めるようになり、イエスへの信仰を通じて神から希望と喜びを汲み、力と愛をそこに見出すことができたのである。「希望の源である神が、信仰によって得られるあらゆる喜びと平和であなたがたを満たし、聖霊の力によって希望に満ちあふれさせてくださるように」（ロマ一五・一三）。ここにまさしく、理性も感情も超えるような祈りの深さと信仰の確信が、イエスとの心の接触からほとばしっている。「信仰によってあなたがたの心の内にキリストを住まわせ、……キリストの愛の広さ、長さ、高さ、深さがどれほどであるかを理解し……神の満ちあふれる豊かさのすべてに……満たされるように」（エフェ三・一七―一九）。恵みに照らされた心のうちに、弟子たちは受難を引き受けるイエスを中心にして、信仰を理解することができたのである。「わたしたちがまだ罪人であったとき、キリストがわたしたちのために死んでくださったことにより、神はわたしたちに対する愛を示されました」（ロマ五・八）。

イエスに信頼を置いた心が無限に向かって開かれるところには、希望が湧き上がる。「希望はわたしたちを欺くことがありません。わたしたちに与えられた聖霊によって、神の愛がわたしたちの心に注がれているからです」（ロマ五・五）。信仰の経験の最も深い根源は、神が与えた愛から芽生えることにあるが、この愛は人の心を住まいとするキリストの現存に由来している。神の「計画とは、あなたがたの内におられるキリスト、栄光の希望です」（コロ一・二七）。

キリストが現存する場は「心」であると言うとき、この「心」は——特にパウロにおいて——、一人ひとりの存在の中心的で根源的な次元を指している。それは、まさにその人全体の一なるかけがえのない自己を成すものであると同時に、あらゆる思いと感情、あるいは決意の共通の起源であり、自己がそこに自分自身との一致に触れて、それを通して直接に神に向かい、また神から下って他人に対しても共感を含んで開かれる、いわば魂の根底にほかならない。さらに、「心」は人間の存在にとって根源的でありながら、存在理解と自己実現にとっての中核を成すため、自己超越の起源でもある。この意味で心は、神の語りかけに忠実に従っていく信仰において、自己を超え出ることによって、本来の自己が遂行される場である。かくして人の「心」は、神からの関わりのもとで自発的に神に属することを望んで「神の栄光の反映であり、神の本質の完全な現れ」（ヘブ一・三）であるキリストに結びつき、「鏡のように主の栄光を映し出しながら、栄光から栄光へと、主と同じ姿に造りかえられていき」（二コリ三・一八）、「造り主〈神〉の姿〈キリスト〉に倣う新しい人」（コロ三・一〇）となる。「キリストに結ばれて教えられ、真理がイエスの内にあるとおりに学んだ」（エフェ四・二一）人は、パウロと共に次のように言うことができる。「わたしは、キリストと共に十字架につけられています。生きているのは、もはやわたしではありません。キリストがわたしの内に生きておられるのです」（ガラ二・一九—二〇）。

キリストが共にいることを信頼し、受け入れた人は、キリストとのつながりを通して彼に仕える者へと成長する。「わたしに仕えようとする者は、わたしに従え。そうすれば、わたしのいるところに、わたしに仕える者もいることになる」（ヨハ一二・二六）。このようにキリストが共にいる信仰の経験とその理解から、信じる人もまたキリストと共になるように招かれる。

四　キリストの内に

キリストに従いキリストのために働こうとする人は、まずキリストと共になるようにイエスを知り、心を彼に合わせて学ぶように励まされる。「わたしは柔和で謙遜な者だから、わたしの軛《くびき》を負い、わたしに学びなさい。そうすれば、あなたがたは安らぎを得られる」（マタ一一・二九）。そこで主の霊に導かれ、御旨《みむね》を基盤にしてキリストとの関わりに与り、心の根本から変容していく。つまり、イエスへの関わりがイエスの中への歩みになるので、イエスの内にいさせていただく人は、そこに自分自身が落ち着ける本来の場と心の的を発見する。イエスが共にいる関係は、自分がイエスの内に迎え入れられていく次元へと深まっていき、「新しく創造された者」（二コリ五・一七）ないし「新しい人」（コロ三・一〇）になるために、単なる自我から解き放たれることになる。この歩みには、今までは知らなかった静かな憧れと喜びが伴う。それは根源的な存在、すなわちキリストが「父」（マコ一四・三六）と呼ぶ絶対的神秘に近づくという実感と、その課題に対する意識に由来している。「わたしの主キリスト・イエスを知ることのあまりのすばらしさに、今では他の一切を損失と見ています。キリストのゆえに、わたしはすべてを失いました……キリストを得、キリストの内にいる者と認められるためです」（フィリ三・八―九）。

このようにキリストの内にいることは、単なる意志の決断によっては獲得されえない、恵みによる新しい存在の様式でありながら、意志にとって目標として目指すべきものでもある。ヨハネ福音書では、与えられた恵みを自らのものとする努力は、その人がキリストの内に「留まる」（以下、原文通り）と表現されている。「わたしの内に留まりなさい」（ヨハ一五・四、ヨハ一一・三九。一ヨハ二・五参照）。パウロは似たような仕方で、キリストの内にいることについて語っている。「愛する人たち、このように主の内にしっかりと立ちなさい」（フィリ四・一）。

キリストの内に自分の場を見出したいという願いに基づいて、信じる人は今までの自分の思いを捉え直す。刷新しようとする意志を抱き、信仰が真であり現実を現すものであると知って、中心であるキリストの内に自己を成立させる。「万物は御子の内に基礎づけられており」（コロ一・一六）、「彼の内に成立している」（コロ一・一七）。なぜなら「御父は、わたしたちを……その愛する御子の支配下に移してくださり」（コロ一・一三）、つまり「キリストの『国』」（一コリ一五・二五参照）に属させたからであり、それは「神がすべてにおいてすべてとなられるためです」（一コリ一五・二八）。

キリストの内に生きることが、信じる者にとってあたかも自分を包んでくれる空気や霊のように感じられ、それは心にまで浸透して、その人を清め高めていく。「ここで言う主とは、『霊』のことですが、主の霊のおられるところに自由があります」（二コリ三・一七）。霊によってキリストの内にいることで、キリストとの一致に向かって深められる。「主に結びつく者は主と一つの霊となる」（一コリ六・一七）からである。さらに、信仰によってキリストの国に属するようになった者には、身の周りの世界がその本来の意味連関と意義付与に従って秩序づけられ、光であるキリストにより自分自身の本来の位置づけが明らかになるため、選択するべきものの識別も可能になる。「わたしは世の光である。わたしに従う者は暗闇の中を歩かず、命の光を持つ」（ヨハ八・一二）。したがって「あなたがたは、主キリスト・イエスを受け入れたのですから、キリストの内に歩みなさい」（コロ二・六）。こうして人間にとってキリストが道案内となるのは、「万物は言《ことば》によって成った。成ったもので、言によらずに成ったものは何一つなかった」（ヨハ一・三）からである。

「キリストに根を下ろした」（コロ二・七）人は、キリストに従って歩むべき道を示すその「言」を受けとめる。「あなたがたがわたしの内に留まっており、わたしの言葉があなたがたの内に留まるならば、望むものを何でも願いなさい」（ヨハ一五・七）。というのも、「内にいる」という空間的なイメージは、萌芽と根拠づけを意味しているが、それは自立した人格者同士の関係においては真理の伝達、つまり言葉による交流を通して行われるからである。イエスは最後の晩餐のときに、御言葉による真理をこの意味で弟子たちの上に祈り求めている。「真理によって、彼らを聖なる者としてください。あなたの御言葉は真理です。……彼らも、真理の内に捧げられた者となるためです」（ヨハ一七・一七―一九）。人間の成立根拠と存在の目的は真理の実現のうちにあるので、「真理であり」（ヨハ一四・六）御言葉であるイエスの話を聞いて「わたしたちは真実な方の内に、その御子イエス・キリストの内にいる」ことになり、そこに「真実の神、永遠の命」（一ヨハ五・二〇）を見出す。

五　互いの内に

キリストの内に、その言葉に従って生きる人は、神に「守られ」キリストによって「保護」されて（ヨハ一七・一一―一二）いるので、御子に似た仕方で「神の子となる資格を与え（られて）……神によって生まれ」（ヨハ一・一二―一三）て、御子の「兄弟」（ロマ八・二九）となる。この新しい誕生において、恵みが人間を心の根底まで貫くので、その人はキリストを自分に近い存在として理解し、愛をもってイエスとのつながりを引き受ける。「わたしの掟を受け入れ、それを守る人は、わたしを愛する者である……わたしもその人を愛して、その人にわたし自身を現す」（ヨハ一四・二一）。キリストに根づき、なおかつ神に向かって自らを超え出る人は、神とキリストの到来をも受けとめることができる。「父とわたしとはその人のところに行き、一緒に住む」（ヨハ一四・二三）。

信頼と愛をもってキリストへと超え出た人が、キリストの到来に満たされるというこの交流は、本質的に相互のものである。ヨハネはこうした「相互内在」に繰り返して言及し、それを互いの完全な一致と見なしている。「わたしの内に留まるなら、わたしはまたあなたがたの内に留まる」（ヨハ一五・四原文通り）、また「人がわたしの内に留まっており、わたしがその人の内に留まっていれば、その人は豊かな実を結ぶ」（ヨハ一五・五原文通り）。この相互の交わりでは、両者がそれぞれ自身において成立しながら、相手との全面的な一致を生きるが、イエスはその関係を自分の存在の根底に常にあるもの、つまり御父と自分との間にあるものとして経験し、かつそれを遂行することを自分の人生の中心的な課題と見なす。「父よ、あなたがわたしの内におられ、わたしがあなたの内にいる」（ヨハ一七・二一）。さらにイエスは、御父と御子の、「聖霊」を含む三一的な関わりという神内の命に基づく根源的な交わりを、すべての人に対して広げようとする。御父とキリストが互いの内にいるように、「すべての人を一つにしてください。彼らもわたしたちの内にいるようにしてください。そうすれば、世は、あなたがわたしをお遣わしになったことを、信じるようになります」（ヨハ一七・二一）。

キリストがその内に生きている愛の交わりは、源である神の現存を起源として神の生命に貫かれ、弟子たちの共同体において生き続けている。「わたしたちの交わりは、御父と御子イエス・キリストとの交わりです」（一ヨハ一・三）。キリストを通して開かれた神的生命の神内の起源と、キリストにおける世界の中へのその流出という、神の存在と人間の救いをつなぐこの偉大な神秘は、確かに自然な理解にとっては計り知れないものである。「あなたがたの命は、キリストと共に神の内に隠されているのです」（コロ三・三）。しかし「かの日には、わたしが父の内におり、あなたがたがわたしの内におり、わたしもあなたがたの内にいることが、あなたがたに分かる」（ヨハ一四・二〇）。

六　内なるキリスト

神がキリストの内に働いていることは、現在の生にあってまだ顕わにならないが、信仰に基づく人生においては完成への希望のうちに先取りされている。復活したキリストが弟子たちに与えたさまざまな徴《しるし》によって、イエスがすでに神の内に生き、共にいることが示された。しかし、キリストの現存の最も大きな徴は、弟子たちに与えられた復活したキリストとの出会いに次いで、人がキリストを信じ、神に対する希望を生きることができるということそのものなのではなかろうか。希望によって「神の愛がわたしたちの心に注がれているからです」（ロマ五・五）。かくして、パウロ自身にとって「キリストがわたしの内に生きておられる」（ガラ二・二〇）という実感は、「わたしの内に力強く働く、キリストの力」（コロ一・二九）の事実が土台となっており、それが失われることのない確信と喜びの源である。「主において常に喜びなさい」（フィリ四・四）。それゆえ、パウロは次のように「強く勧め」（エフェ四・一七）ている。「信仰によってあなたがたの心の内にキリストを住まわせ、あなたがたを愛に根ざし、愛にしっかりと立つ者としてくださるように。……人の知識をはるかに超えるこの愛を知るようになり、そしてついには、神の満ちあふれる豊かさのすべてにあずかり、それによって満たされるように」（エフェ三・一七、一九）、と。

第九章　沈黙の勧め

一　沈黙と言葉

言葉は、言葉以前のものを語りうることに言葉の力が示されるが、同時にその限界にも突き当たる。一方、沈黙は、言葉にならないもののうちに言葉と関連しながらも、それを超えたものを現しうることに、その最高の可能性を有している。ここに言葉と沈黙との緊張関係が顕著に表れている。

言葉が消えると、沈黙がおのずと湧き上がる。それは次に言葉が語られうる場を整える「間」となって、話の流れを分節化して言葉の意味を浮き彫りにする。しかし、言葉と沈黙がともに現実の理解をもたらし、意思疎通を支える働きをもっているとはいえ、沈黙は言葉の欠如でもあり、拒否でさえもありうる。それだけでなく言葉そのものを超えて、言語によっては現存させることができない次元をも開示する。そこで本章では、沈黙に具わる隠れた力を思いめぐらしてみたい。日常生活において沈黙は、一定の条件のもとに生じ、それが含意するものは状況との関わりにおいて決まってくる。いわば沈黙は、音声を欠きながらも表現力を有し、さまざまな役割を果たしている。とはいえ沈黙の中心は静けさを目指しており、この静けさとの関わりに尽きていると言えよう。沈黙と静けさの根本的な意図は、人間の心へと関わりその根底を成す存在の深みを呼び覚まして、人間のうちに響きながら人間理解と把握力を超えて、究極的な次元への道を開くことにあろう。次節以降では、沈黙の役割のいくつかを予備的に暗示し、そのうえで人間と超越における沈黙の奥深い働きを探り、沈黙に窺われる霊的な含みを考察する。

二　沈黙の多面的な有様

言葉が交わされる場で人々が口を閉ざすと、その場にはたちまち沈黙が広がる。沈黙は、決して単に音が無い状況ではない。それは一種の行為であり、対話する人間の態度を示すことによって、状況全体の意味を照らし出すことができる。特に、他者に対して言葉による伝達を断つことには、さまざまな含意があるだろう。例えば、「とがめるのに適切でない時があり、黙っている方が分別を示す」（シラ二〇・一）。語ることによって、人は一定の状況に関わろうとする。しかし他方で、黙っている人は、具体的な状況下での諸々の困難な問題を自分の内に受けとめながら、それを超えたより広い全体的な視野から諸問題を位置づけ、相対化することによって、具体的対象に束縛されない判断力を示す。「英知ある人は沈黙を守」（箴一一・一二）り、「無知な者も黙っていれば知恵があると思われ」（箴一七・二八）る。特に「悪い時代」には、「知恵ある者は……沈黙する」（アモ五・一三）。

賢明に沈黙する人は、自分にとって不利な状況のもとでも声を上げず、個人的な都合よりも真理をその偉大さのゆえに優先する。言葉を控えることによって自分の内面を真理に基づかせ、不要な議論を用いて自分の心を汚さないように努める。こういうわけでイエスは、裁判に際して大祭司の質問に対しても「黙り続けておられた」（マタ二六・六三）。他方で弟子たちは、彼らの名誉心がイエスに指摘されて露わになったとき、恥じ入って一言もなく、この沈黙によって自分たちの過ちを告白した。「『途中で何を議論していたのか』とお尋ねになった。彼らは黙っていた」（マコ九・三三―三四）。

あるいは自分が困難な状態に陥った際に、他者からの共感と励ましを求めても、相手が応対を拒否して助けになる言葉が与えられない場合がある。そうした沈黙は耐え難く、心が傷つくこともあろう。「助けを求める叫びに耳を傾けてください。わたしの涙に沈黙していないでください」（詩三九・一三）。さらに、「神よ、沈黙しないでください。黙していないでください。静まっていないでください」（詩八三・二）。沈黙が人間に及ぼすこのような影響は、自分が否定されているかのように内心では受け取られ、恐れをも感じさせる。「主よ、あなたを呼び求めます。わたしの岩よ、わたしに対して沈黙しないでください。あなたが黙しておられるなら、わたしは墓に下る者とされてしまいます」（詩二八・一）。ここでは、沈黙する神は自らを不在にし、人に関わることなく離れていくかのようである。「沈黙なさらないでください。わたしの主よ、遠く離れないでください」（詩三五・二二）。

だが、たとえ神が沈黙しているとはいえ、それを理由にして神がいないと思い込み、神の沈黙を無視することは許されない。「お前は、わたしを心に留めず、心にかけることもしなかった。わたしがとこしえに沈黙していると思って、わたしを畏れないのか」（イザ五七・一一）。黙っている神に訴えて不平不満を言うよりも、神を畏れ敬う人は、むしろ「黙し、口を開きません。あなたが計らってくださるでしょう」（詩三九・一〇）と信頼する。すなわち、アンティオケイアのイグナティオス（Ignatios 一一〇／一七年没）の言葉にあるように、「イエスの言葉を真実に自分のものとした人は、彼の沈黙をも聞くことができるのです」（殉教先のローマに向かう途上で書かれた『エフェソの教会への手紙』一五章二）。

三　神に向かう人間の沈黙

人間が競争心や名誉心に動かされて心の葛藤を覚えるときに、不平を内心で唱えるだけでなく、不満を態度で表現することもあるだろう。しかしその時にこそ、運命に対して文句を言うことは、心を荒らして自己破壊に至りかねないことを反省し、その虚しさをも悟って謙虚に真の自己に立ち返ろうとするならば、平和が戻り、落ち着いた静けさが味わわれるに違いない。「言葉や口先だけではなく、行いをもって誠実に愛し合おう。これによって、わたしたちは自分が真理に属していることを知り、神の御前で安心できます」（一ヨハ三・一八―一九）。本心では怒りを保ち続けているのに、外見上は沈黙で通すというのではなく、むしろ沈黙を自分の心の中心に導き入れて、愛の精神で満たすのである。そのような転換を積み重ねていくにつれて、「あらゆる人知を超える神の平和が、あなたがたの心と考えとをキリスト・イエスの内に（原文通り）守るでしょう」（フィリ四・七）。人が「平穏で落ち着い」（一テモ二・二）て生活しており、内面が整っているほど、沈黙が単に発言上や「外面的なもの」（一ペト三・三）ではなく、意識の根底にまで沁み込むようになる。そして、そこに根づくことで人間は「穏やかな人」（詩三五・二〇）、「柔和でしとやかな気立て（という）……内面的な人柄」（一ペト三・四）に変わっていく。このように、沈黙のもとで「『外なる人』は衰えていくとしても、わたしたちの『内なる人』は日々新たにされていきます」（二コリ四・一六）。「内なる人」へとつながる道は、外の喧騒にとらわれない内的な沈黙のうちに開かれるのである。

こうして内なる沈黙の場では、自我はもはや自己本位に力を行使したり、欲求のままに実行したりすることを控え、権力よりも調和に基づいた平安を好むようになる。自らの未来に対する主導権を自分で掌握することはやめ、唯一の支配者である神に向かい始めることによって、対立にとらわれずに平安のうちに根を下ろす。「主があなたたちのために戦われる。あなたたちは静かにしていなさい」（出一四・一四）。そこで人は、まさに自分自身のための闘争からは身を引いて、静けさのうちに動かないままに留まる。「力を捨てよ、知れ、わたしは神」（詩四六・一一）。平和を伴ったこの心の調和を通して、無限な深みが心の根底に開かれる。そこから、この静けさが存在そのものと同様に根源的なものであり、ゆえにそれは神に属することが分かるだろう。この平安に触れた沈黙の心は、自発的に神に向かっており、また常に深まっていきながら神に向かうように招かれていることを知っている。

沈黙のうちに浮かび上がる内的な静けさは、限界のない無底な深みのうちから養われている。それは聖霊と共に「神の深みさえも究め」(一コリ二・一〇)、その深みへと人を方向づけて導く。かくして静けさの密度が濃くなるにつれて、魂は自分のうちに力強く留まりながら自分の根底を貫いて、根源的な中心に向かって自己を超えていく。第一の中心である神を目指すこの脱自的な移行において、魂は平安に満ちており、意識は広くなって、単なる個人としての自我の制約にとらわれず、存在全体に対して延び広がっていく。しかしながら、自我を超え出るこの志向の焦点は、初めからそして常に、無限な存在自身への関わりのうちに迷うことなく据えられる。すなわち、周囲の世界を目指しながらも、そこに分散されることなく、魂の先端は世界と共に神に向かい、世界をも貫いて神と一つになる。この動きの中で、見えない沈黙のうちに神に近づこうとする。「全地よ、御前に沈黙せよ」(ハバ二・二〇)。この段階で人間は、自然の世界が大きな静けさに満ちており、あらゆる対立は消え去り、自分も神の平和が現存する場となっていることに気づく。「すっかり凪になった」(マタ八・二六)。

あたかも世界の存在そのものが実体的な静けさに変わるようなこのとき、しかしながら、人間は決して静止的な状態に沈下してしまうのではない。そうではなく、内的で存在論的とも言える志向性をもって神に向かって進んでいく。ただしこの静けさは、基本的に人間に固有な存在の自己把握や自己制限に負っているものではなく、神の卓越した偉大さそのものによって命じられて生じるものである。神を人間の思考と言葉の対象にするのは、もとより神の無限な偉大さゆえに許されていないからである。「主なる神の御前に沈黙せよ」（ゼファ一・七）。同じく、「わたしは黙すべきだ」とイザヤは聖なる神に直面して悟る（イザ六・五参照）。

だが、神への怖れと畏敬に根づいた心は、神に惹かれて沈黙のうちに神を渇き求め、待ち望むようになる。「沈黙して主に向かい、主を待ち焦がれよ」（詩三七・七）。ここで心の沈黙を支えて生かすのは、静かな神への憧れである。

かくして、神へと向かって動く志向性を内包した沈黙は、神に対する畏敬にふさわしい距離を保ち、畏《かしこ》まりつつ「神の前」に立ってそこに留まる。沈黙する人間は、まさに自分ながらの語りを控えることによって、神に対する自らの有限性と至らなさを表現している。「すべて肉なる者よ、主の御前に黙せ」（ゼカ二・一七）。沈黙に伴われるこうした遠慮や精神の自己無化において、魂は自らの神に対する隔たりと本質的な差異を認めると同時に、神の語りかけを受容しうる状態に自分自身を整えて、神の言葉を謙遜に受けとめ、聞き取る者へと成長する。「主の救いを黙して待てば、幸いを得る」（哀三・二六）。ここでは魂と共に、世界そのものがまた沈黙して永遠の御言葉を待ち望んでいる。「沈黙の静けさがすべてを包み、夜が速やかな歩みで半ばに達したとき、あなたの全能の言葉は天の王座から……地に下った」（知恵一八・一四―一五）。

人間は憧れのうちにすでに神の近さを予感しており、苦悩の中で思わず叫び声を上げたくなる状況下であっても、沈黙を通して神から触れていただくことで耐えると心が癒される。それゆえ苦しんでいる人は、嘆きの感情に溺れることをやめ、救いになる神を信頼して沈黙のうちにその恵みを祝う。「静かにしなさい。今日は聖なる日だ。悲しんではならない」（ネヘ八・一一）。

四　祈りである沈黙

畏敬と憧れが一致した沈黙にあっては、魂は自らをあらゆる有限的なものに対する執着から解き放ち、自分の力が全くの無に過ぎないことを見抜いている。その意味で魂は、自分自身に対して進んで死ぬが、まさにそのようにして神の霊の内に生かされうる者となる。「わたしは神に対し生きるために……死んだのです……生きているのは、もはやわたしではありません」（ガラ二・一九―二〇）。徹底的に沈黙を実現し、自己の中心において遂行された「世への愛」（一ヨハ二・一五参照）、「すべて世にあるもの、肉の欲、目の欲、生活のおごり……御父から出ない」（一ヨハ二・一六）ものに対する放棄を成し遂げた人は、いわば自我の無化を通って行った神への憧れに生きる。「魂は沈黙して、ただ神に向かう……神こそ、わたしの岩、わたしの救い、砦の塔」（詩六二・二―三）。

ここにおいて真なる沈黙の真中から、ほかの誰にも聞こえない神への賛美が湧き上がる。「沈黙してあなたに向かい、賛美を捧げます」（詩六五・二）。沈黙して神に向かう心は、他者の目やその人自身に対しては隠れて見えないものであっても、祈りの源泉となる。それは自らを静かに神に捧げるいけにえとして、キリストと共に神の内に生き、その完全な場となる。「子羊が第七の封印を開いたとき、天は半時間ほど沈黙に包まれた。……香の煙は、天使の手から、聖なる者たちの祈りと共に神の御前へ立ち上った」（黙八・一、四）。

イエスは、御言葉を説いた後、「群衆を解散させてから、祈るためにひとり山にお登りになった。夕方になっても、ただひとりそこにおられた」（マタ一四・二三）。おそらくイエスは、このような一人きりでの祈りのときにこそ、沈黙のうちに聖霊に支えられて神の静けさに参与することができ、また父への賛美と人間への愛に満ちた願いとが、この沈黙の中で一つになっていたであろう。「まことの礼拝をする者たちが、霊と真理をもって父を礼拝する時が来る。今がその時である。なぜなら、父はこのように礼拝する者を求めておられるからだ。神は霊である。だから、神を礼拝する者は、霊と真理をもって礼拝しなければならない」（ヨハ四・二三―二四）。

第一〇章　神の喜び

――人間の喜び――

一　神と人間との関係の問題

世界内のすべてのものは自らに固有な場所を占めており、その空間における位置づけによって、他のものとは隣接しながらも区別されている。もの同士は一定の距離を置いて離れ、互いに対象として眺められ、あるいは取り扱われ、またそのようにして言表可能となっている。さらに、連続的に流れる時間において、この相互関係は因果の関係の連環によって規定されている。こうした予見できる物質世界が個人と社会の生活を支えており、人間にその活動の可能性を示してくれる。

しかしながら、この世界を包括し支える存在や超越は、このような世界の一部分ではなく、同じ対象とはならない。物事に具わっているすべての特徴は、その空間的・時間的構造によっているが、神には同様のことが付与できない。聖書では、このことが明確に主張されている。人間の目には空間性においてものが現れるが、「いまだかつて、神を見た者はいない」（ヨハ一・一八）し、「だれ一人……見ること（が）……できない」（一テモ六・一六）。

それゆえ旧約では、神の姿の像を造り、描くことは許されていない。「あなたはわたしの顔を見ることはできない」（出三三・二〇）ばかりか、人間は神についていかなる像をも「造ってはならない」（出二〇・四）となっている。この不可能性と禁止によって、神は「救いを与えられる」存在として信じられていながらも、「御自分を隠される神」（イザ四五・一五）とも言われる。神の「周りに闇を置いて隠れ処」（詩一八・一二）とする不可視性は、あらゆる認識を自分の感覚に受容可能な世界の中に位置づけようとする人間を、神理解の迷いにさらす。「お前の神はどこにいる」（詩四二・四）。神の隠れは、神との関係の欠如として感じられるだろうが、実はすべての限界を超え出る神の偉大さによるものであり、それは神を対象化するいかなる努力をも拒んでいる。「まことに神は偉大、神を知ることはできず、その齢を数えることもできない」（ヨブ三六・二六）。そこで人間は、その認識の限界を省みて、信仰においてより深遠な神理解に至るようになる。「それゆえ私は、信仰に席をあたえるために、知識を廃棄しなければならなかった」（カント『純粋理性批判』BXXX，一二―一三）。「近寄り難い光の中に住まわれる……この神に誉れと永遠の支配がありますように」(一テモ六・一六)。

神がその無限性のゆえに対象的な把握を退けるとすれば、神の偉大さが明らかに浮き彫りにされよう。他方、人間と神との関係を単なる否定形に従って表現するならば、人間には神との究極的な関わりが理解困難で、実現不可能にも思われる。さらに聖書全体、特にキリストが出現した意図は、人間を神へと導き、神の栄光を顕わにすることにある以上、こうした観点から神と人間との関わり合いをどのように考えるとよいのかを新たに検討する必要があろう。その際、例えば東方教会で試みられたように、神自身の絶対的な超越の認識を、否定神学に従ってただ「神はかくかくしかじかではない」という否定形の命題に制限するならば、神を世界への働きのさまざまな結果から名づける試みが、それに伴って不十分なものになると思われる。つまりそのような立場では、世界と神との関わりについての言説は、現実的真理と意味を失ってしまいかねない。他方、西方の神学においては、神自身に世界への実在的な関係が具わっていることを否定することによって、神の絶対的な自律と超越が遵守されているが、そこでは人間の側からの神への関わりが実在的な関係とされている。すなわち、人間の神に対する実在的な関係を主張することによって、神との結びつきの可能性が肯定される。しかしその場合でも、聖書で言われている、神の人間への愛という積極的な関わり――御子の受肉と受難にまで及ぶその関わり――が十分に評価されているかどうか疑問が残るのではないだろうか。本章では、この問題に関するより積極的な理解の一つの可能性を展開してみたいと思う。

二　旧約聖書による神の人間への自己関係づけ

神、そして神の人間に対する関わりを理解するには、世界の理解から始まるにせよ、その内容自体は神自身に関するものでなければならない。しかしながら、神には外的な関係は具わらないと聖書神学では主張されている。とはいえ、この否定によって神における人間に対する接触や結びつきが拒否されているとは限らない。「関係」の概念は何らかのつながりを表現しているが、同時に関係づけられたもの同士の間の第三のものを意味している以上、そこには距離と差異もまた表現されていると思われる。それゆえ「実在的関係」が人間に対して神の側では否定される限り、この関係性の否定は、距離や隔たりの無い、それよりも優った結合の可能性を残していると考えられよう。距離や外面性という差異ないし対立をいっさい主張しないような、神と人間との結合は果たして考察不可能であるのかを、神の存在の独立性を維持しつつ考える必要があるのではないか。なぜなら、神にとっては御自分によって創造され、愛されている者は「他」なる外的な異なる「他者」ではなく、むしろ「非―他者」(ニコラウス・クザーヌス〔Nicolaus Cusanus 一四〇一―六四年〕)であり、この表現は、神に対する何らかの隔たりや対立を含まずに存在論的な意味をもちながら、神との一致を必ずしも妨げないからである。わたしたちの経験を省みても、物質的なもの同士の場合は、対立を含んだ関係であるかもしれないが、内的な関係の場合、例えば人間同士の精神的な触れ合いでは、互いに包含し、浸透し合う関係が実感されるように思われる。

すでに旧約聖書において、人間の神への関わりだけではなく、神の人間に対する態度こそ、心の最も深い部分における密接な関係として表現されている。「エフライムはわたしのかけがえのない息子、喜びを与えてくれる子ではないか。彼を退けるたびに、わたしは更に、彼を深く心に留める。彼のゆえ、胸は高鳴り、わたしは彼を憐れまずにはいられないと、主は言われる」(エレ三一・二〇)。情感豊かなこの言葉遣いには、神の人間に対する関わりの深さとその憐れみの大きさが最大限に表現されていよう。著者は明らかに、神自身と内的に関係のないただ外的に付与される援けのみならず、神に内在するとしか言えない程の関わりを語り尽くそうとしている。読者は、外的で有限的な恵みにも勝る神との直接的な関係を読み取るに違いない。同じように神自らが、聖書で繰り返される言葉「主、主、憐れみ深く……慈しみとまことに満ち」(出三四・六)

た存在として、御自分のことを表し、人間をご自身との人格的な相互関係へと招き入れている。預言者ホセア（前八世紀）以来、この「契約」は、夫と妻ないし花婿と花嫁という愛による心の結びつきとして謳われてきた。イエスとパウロもまた、この比喩を受け継いでいる。「わたしは、あなたとところしえの契りを結（び）……慈しみ憐れむ……あなたは主を知るようになる」（ホセ二・二一―二二。マタ九・一五、二コリ一一・二参照）。

三　新約における神の愛

イエスは、宣教活動の初めから神の国の近さを告げた。そこで始まる新しい時代は、人間の努力によるのではなく、神の憐れみ、御父の愛に基づいていると主張した。律法に定められたさまざまな細かい掟は、人間を不自由にすると見なして、それらを相対化し、「霊と真理」（ヨハ四・二四）による礼拝を促した。そのうえで、律法の全体を神への愛と隣人への愛に尽きるものとし（マタ二二・三七―四〇参照）、それゆえ人生の意義と課題の核心は、神の愛を信じ、それに従って心をこめて人へと関わる信仰に据えなければならないと説いたのである。その際、ファリサイ人などの「かたくなな心」を悲しみながら叱り（マコ三・五。マタ一九・八参照）、愛による憐れみが神の心であることを宣べ伝え、そのために身が危険に晒されることもあった（マコ三・六参照）。イエスにとって、憐れみと愛こそが神の最も中心的な在り方を成している。この主張は旧約の正義や律法の理念、さらにギリシア思想による理性の自己充足と自己完結の理論よりも根本的なものであり、無条件的に優先されるべきものであった。したがって神の愛と憐れみ、また喜びに関して語られたイエスの言葉は、その字義や人間の理解を超え出るほどに、類比的でありながらも中心的なことを深く指している。それは単に、人間の心の動きから取られた比喩的解釈に尽きるものでは決してない。むしろそこで意味された内容は、根源的・本質的に神自身に具わるものとして理解されるべきなのである。その趣旨に従って、中世においてカンタベリーのアンセルムス（Anselmus 一〇三三／三四―一一〇九年）は、神が人間にも優る感受性の持ち主であることを説き、トマス・アクィナス（Thomas Aquinas 一二二四／二五―七四年）は、神があらゆる善いものを喜んでおられることを教えている。

四　イエスの愛と喜び

イエスにとっては、父なる神との内的交流が生きがいの要《かなめ》を成している。これに基づいてイエスが実践した生き方と語られた言葉を通して、神の在り方を人々に現そうとした。洗礼を受けたイエスは、自分の心を生かしている御父の愛（マタ三・一七参照）を、そこから始まる福音宣教に賭ける全努力の中心として理解した。こうしてイエスは、罪人と共に食事する自らの習慣の正しさを、飼い主のいない羊のような人間（マタ九・三六参照）に対する神の態度に言及して裏づけている。「見失った羊」として知られるたとえ話は、その内容から見れば、むしろ「羊飼いの喜び」と題するべきと思われる。羊が一匹でも見失われたならば、飼い主はその一匹を探しまわり「見つけたら、喜んでその羊を担いで、家に帰り、友達……を呼び集めて、『……一緒に喜んでください』と言うであろう。……このように……大きな喜びが天にある」（ルカ一五・四―七）。

この箇所では、天の神が悔い改める人間を喜ばれると数回強調されているが、その喜びは、神が自ら造り命を与えた人間に向ける態度のすべてを最もよく代表していると思われる。「神はお造りになったすべてのものをご覧になった。見よ、それは極めて良かった」（創一・三一）。この喜びは創造そのものとは異なり、能動的な活動による働きかけではなく、すでに出来たものへの反応というかたちで言われており、喜ばれるものの存在を基盤にして、それにいわば与っているものである。かくして「他」に対する喜びは、喜んでいる者（神）における、言うなれば志向的な脱自という喜ばれるもの（人間）の存在へと開かれる関わりをそこに含んでおり、かつ実現している。なるほどその関わりは、神から発している創造と救いの能動的な働きに基づいているのではあるが、喜ばれる者の現実存在それ自体と関わっていることには変わりがない。その限りでは、当の現実存在への接触と愛によるそれとの一致は、愛されている者の存在との志向的一致を含んでいる。このように、喜びに基づく愛において、有限的存在者である人間に対する、自らに囚われない神の脱自的な開きが意味されていると言えよう。愛を通して創造し、また関わり続ける神は、「すべてのものを通して働き、すべてのものの内におられ」(エフェ四・六)るからである。

イエスはそのたとえ話をもって人々を、喜びをもたらす神との関わりへと招いている。イエスの存在が、「大きな喜び」(ルカ二・一〇)を与えるものであることに気づく人は、「喜びながら帰り」(マタ一三・四四)、その言葉を「心に納めて、思いめぐら」(ルカ二・一九)す。そこで福音を聞く人も、それを告げる人も、神の喜びに共に与るようになる。あるとき弟子たちは、宣教旅行が成功して「喜んで帰って」(ルカ一〇・一七)きたが、イエスは、彼らの喜びを識別して戒めた。「あなたがたの名が天に書き記されていることを喜びなさい」(ルカ一〇・二〇)。しかし、ちょうど「そのとき、イエスは聖霊によって喜びにあふれ」(ルカ一〇・二一)た。イエスの喜びが聖霊によって呼び起こされていたので、それは直接に神自身に根づいているものとして、神自身と神の国の喜びを顕わにしていると思われる。「神の国は、飲み食いではなく、聖霊によって与えられる義と平和と喜びなのです」（ロマ一四・一七）。

かくしてイエスの喜びを理解することを通して、神自身の喜びへの見通しが開かれるであろう。このことを、イエスは続く祈りで表現している。「天地の主である父よ、あなたをほめたたえます。……父のほかに子を知る者はなく、子と子が示そうと思う者のほかには、父を知る者はいません」（マタ一一・二五―二七）。神は「天地の主」としてのその卓越した偉大さと、「父」としてのその慈しみと愛、さらにイエスが御子であることを、純粋な心を持った人々に現わしたが、この神の自己啓示は神についてのイエスの理解の基盤となり、その喜びの源を成している。「これらのことを知恵ある者や賢い者には隠して、幼子のような者にお示しになりました」（マタ一一・二五）。すなわち、イエスが洗礼を受けたときにあった自分が御子であるという彼の自己理解が根拠づけられ、それは信じる者に対しても開かれているのである。同時に、神をイエスの父として知る恵みを与えていただくことを通して、人はイエスと共に御父の愛と命に与るので、神が父としてイエスを愛し、またイエスによって選ばれた人をも同じように愛しており、それゆえその人をイエスの兄弟とすることが分かるのである。イエスを要にした偉大な御父の小さい者たちに対する愛を悟って、イエスの内から喜びがあふれ出る。そこでは「神が『霊』を限りなくお与えになる。……御父は御子を愛して、その手にすべてを委ねられた。御子を信じる人は永遠の命を得ている」(ヨハ三・三四―三六)。

このような神の自己啓示は、イエスの存在の神秘を照らし出すが、弟子たちをはじめ信じる人には、それを直観する心の目が開かれている。「あなたがたの見ているものを見る目は幸いだ」(ルカ一〇・二三)。イエス、そして弟子にあったこのような特別な啓示の経験は、多くはなかったであろうが、そこから生じた直観的理解はイエスの根本経験と確信であり、御父への無制限の信頼と愛の源として、意識の深層そのものとなった。

終末に関するイエスの預言が示しているように、彼はただ神の喜びを伝えただけでは決してなく、世界の困難や人生の苦労という「闇が力を振るっている」(ルカ二二・五三)ことの恐ろしさをも熟知していた。しかし、それにもかかわらず意識の根底には、愛する父が常に「共にいてくださり」(ヨハ八・二九、一六・三二)、その平和の「幸い」が心を司っていることを基盤にした。神の慈しみに包まれて「明日のことまで思い悩」(マタ六・三四)まず、人間や生き物すべてに対する御父の配慮を共にして、それを表すことを課題とした。さらに、人の苦労を「見て、憐れに思い」(ルカ七・一三)、「悪霊を追い出し、病人を……癒し」(マタ八・一六)、愛をもって働いてくださる神を身をもって証して、その「幸い」を生きるように励ましたのである。

こうして現在の苦しみのもとに神の「しるしを見た」（ヨハ六・二六）人は、無力で「心が貧しく」、「悲しみ」に沈みかけ、攻撃されても「柔和」に譲り、究極的な意義あることに「餓え渇き」、悩みに覆われている隣人に「憐れみ」の心を運ぶ（マタ五・三―七参照）。これらのうちに「幸い」を発見し、それらすべてを通して清い心で「神を見」（マタ五・八）、その「幸い」に触れる、とした。

この「幸い」は信じる人の心の基調を成すものであり、また「聖霊で証印を押され……わたしたちが御国を受け継ぐための保証」（エフェ一・一三―一四）である。それゆえ「覆い」のもとにある人生でありながらも、「おぼろに映ったものを見て」（一コリ一三・一二）希望に目覚め、自らを現す神への信仰で限りのない喜びに向かって行けるようになる。「迫害され、身に覚えのないことであらゆる悪口を浴びせられるとき、あなたがたは幸いである。喜びなさい。大いに喜びなさい。天には大きな報いがある」（マタ五・一一―一二）。

かくして信仰における喜びは、未来に対する約束に養われて、現在における愛の力づけとなる。「現在の苦しみは、将来わたしたちに現されるはずの栄光に比べると、取るに足りないとわたしは思います。……わたしたちは、このような希望によって救われているのです」（ロマ八・一八、二四）。希望によって貫かれ、生かされたこの喜びの真中には神自身が顕現し、その愛によって「すべてのものを通して働」（エフェ四・六）くのである。イエスはこうした「神の国」の完成を待ち望み、自分の生涯と活動をもってその御国を世界の中に基礎づけることに全力を尽くした。自分が愛する父と一致して働くことを知り、この洞察によって尽きない愛の力を汲んだ。弟子たちは、イエスと共にいることを通して神の寛大な愛と純粋な喜びを信じ、それに生きることができ、「心を励まされ、愛によって結び合わされ……神の秘められた計画であるキリストを悟るように」（コロ二・二）なったのである。

五　自己同一的愛の脱自的方向づけ

パウロとヨハネにおいて、異なった者同士を交わりと一致へと導く力は「霊」と呼ばれ、その呼称は人間の精神と神の霊に対して共通に用いられる。「この霊こそは、わたしたちが神の子供であることを、わたしたちの霊と一緒になって証してくださいます」（ロマ八・一六）。霊は一方で、最も深くその持ち主の存在の内にいて自己同一をもたらすものであり、自己認識の源である。「人の内にある霊以外に、いったいだれが、人のことを知るでしょうか。同じように、神の霊以外に神のことを知る者はいません」（一コリ二・一一）。しかし他方で、霊は「交わり」の起源でもある。「主イエス・キリストの恵み、神の愛、聖霊の交わりが、あなたがた一同と共にあるように」（二コリ一三・一三）。「霊」に拠る者同士の交わりは、一致と平和に結実する。これらの特徴を合わせて、パウロは「霊の結ぶ実は愛であり、喜び、平和……です」（ガラ五・二二―二三）と称えている。というのも、霊――もともと神の霊、また神の霊の働きのもとで息づく人間の霊――は愛の起源であり、愛はそれに固有な充実した同一性と自己遂行によって、人間の霊や精神を自らのうちに愛する者からさらに愛される者へと二重化し、増幅した段階に向かって発展させるからである。同時にこの自己表現と自己脱出（超出・脱自・超越）は、愛される者との新たな合一をする限りで霊の動き、つまり愛の自由さを示している。

霊の考察を通して愛の成り立ちと構造が理解されるとすれば、神と人間の関わりを、愛を根本にしてある程度、解明できると考えられる。こうした試みにおいて「愛」は、単に神の働きに伴う力が人間の心にもたらす響きといったような、付随的要素や解釈による比喩を指すものではない。それは厳密な意味で、神の側での現実的・人格的な根源をもったものを意味することになる。この考えを裏づけるために、まず聖書に基づいてその根拠を確認する必要がある。

聖書では、初めから愛が神の根源的な動機として明確に理解されていたというよりも、その洞察は、歴史を通して人間に与えられた神の助けに目を留めて、正義、神の憐れみ、忠実、慈しみ（出三四・六参照）などのかたちで醸成され、目覚めさせられてきたと言えよう。後に聖書の神学では、この枠組がより明確に存在論的・神学的根拠に向かって深められ、神の人間への関わりを神自身におけるその動機に求め、神の心や態度を直接に表現しようとする試みへと推し進められた。キリストの受難において示された態度を背景に、神の行いを神の内面――その本性と自由意志――からのものとして理解することができたのは、パウロにおいてであった。パウロは神の愛を創造と救いの根源として強調している。つまりそこでは「イエスによって示された神の愛」（ロマ八・三九）が人間の心に与えられているので、「わたしたちを愛して……くださる、わたしたちの父である神が……心を励まし……てくださるように」（二テサ二・一六）と、祈り求められるのである。その際、すでに「天地創造の前に、神はわたしたちを愛し」（エフェ一・四―五）、「この上なく愛して」（エフェ二・四）、くださりその愛によって神は人間を「キリストと共に生かし……復活させ……てくださいました」（エフェ二・四―五）。ここにおいて、神内の計画から始まり、世界の創造、キリストの生涯、霊の降りを通して現在に及ぶ信じる者の生活に至るまで、すべての出来事の起源が神の愛によるものとされ、それに貫かれたものとして理解される。

同じようにヨハネ文献では神の永遠の愛を、キリストをその現れの成就と頂点にして、最も根本的なものと見なし、信仰の内容全体の中心が神の愛から理解されている。祈りのうちにイエスは、「天地創造の前からわたしを愛して、与えてくださったわたしの栄光」（ヨハ一七・二四）を弟子たちに見せようとした。「父がわたしを愛されたように、わたしもあなたがたを愛してきた」（ヨハ一五・九）。愛が、愛する「友」（ヨハ一五・一三）のために命も惜しまないで渡すことにあるとおりに、「神は、その独り子をお与えになったほどに、世を愛された」（ヨハ三・一六）。御父に向かうイエスも、「わたしに対するあなたの愛が彼らの内にあり、わたしも彼らの内にいるように」（ヨハ一七・二六）と祈っている。イエスは御父からの関わりに基づいてこの愛を目指し、その実現のための契機として、受難を自分に与えられた課題として受け取った。「イエスは、この世から父のもとへ移る御自分の時が来たことを悟り、世にいる弟子たちを……愛し抜かれた」（ヨハ一三・一）。受難においてイエスは、「わたしたちを愛し、御自分の血によって罪から解放してくださった」（黙一・五）。イエスの自己奉献のうちに神の愛がその的に至り、イエスに内在する神の愛が、愛を知らないこの「世」に新しい命の力として導入されたのである。「あなたがたに新しい掟を与える。互いに愛し合いなさい。わたしがあなたがたを愛したように」（ヨハ一三・三四）。

この愛の教えは、「ヨハネの手紙一」にまとめられる。「御父がどれほどわたしたちを愛してくださるか、考えなさい」（一ヨハ三・一）。神の愛を考えるときに、ただ神の概念を前提とし、神に具わる一特徴として愛を付け加える、といった程度に留まるはずはないであろう。「神」を概念や一般本性、つまり一定の対象を指すものとすることによって、神を神にふさわしい仕方で把握することはできず、また人間に対する神の関わりと、その関わりの人間にとっての意義を、真のかたちで知ることができないからである。そうではなく、愛そのものを、その最も純粋で絶対的な中身に向かって理解し、しかも事実として知ることは、神認識の本来に根本的な道であり、その真なる認識、つまり受肉した御言葉において神が自らの内面を顕わにし、愛をもって人間を信仰へと招いているという認識において、初めて神の有様を的確に目指すことになる。「イエスが神の子であることを公に言い表す人はだれでも、神がその人の内に留まってくださり、その人も神のうちに留まります」（一ヨハ四・一五―一六）。わたしたちは、わたしたちに対する神の愛を知り、また信じています。人間を神につなぐこの神認識は、イエスを通してもたらされ、保留のない愛のうちに実現されていることが信じられると、まさにこの信仰の行為が信じる人を生かし、信仰の実践へと導く。「神は、独り子を世にお遣わしになりました。その方によって、わたしたちが生きるようになるためです。ここに、神の愛がわたしたちの内に示されました」（一ヨハ四・九）。このように、愛と信仰が人間のうちに相互に結合されている。「愛する者たち、互いに愛し合いましょう。愛は神から出るもので、愛する者は皆、神から生まれ、神を知っているからです。……神は愛だからです」（一ヨハ四・七―八）。つまり愛は神自身に拠るものなので、愛を中身とする信仰は、単なる人間の本性や能力からでは根拠づけられることはできない。「わたしたちが愛するのは、神がまずわたしたちを愛してくださったからです」（一ヨハ四・一九）。かくして人間の有限的な有様のゆえに、神との関係を、一方的に人間を中心にして解釈するいかなる試みも、挫折せざるを得ない。「わたしたちが神を愛したのではなく、神がわたしたちを愛して、わたしたちの罪を償ういけにえとして、御子をお遣わしになりました。ここに愛がありま す」（一ヨハ四・一〇）。

六　神の固有な愛の存在論的構造

愛する神の人間への関わりが、神のみに拠るその愛へと還元したことを踏まえたうえで、神の働きの全般を、愛との関係で理解するのが課題となるであろう。そこでまず、聖書の言葉遣いに耳を傾けたい。

「すべてのものは、神から出て、神によって保たれ、神に向かっている」（ロマ一一・三六）ので、神は「すべてのものを通して働き」（エフェ四・六）御自分のほうへと帰らせて（一コリ八・

六参照）いながら、「すべてにおいてすべてを満たし」（エフェ一・二三）完成させて、こうして「すべてにおいてすべてとなられる」（一コリ一五・二八）。同じように、キリストは「すべてのものを満たすために、もろもろの天よりも更に高く昇られたのです」（エフェ四・一〇）。ここに神、またキリストの人間に対する絶対的な差異や超越と、「すべてを満たす」という密接な内在とは矛盾することなく共存し、一致すると考えられている。

このように見てくると、愛における神の人間への関わりに関して、聖書に固有な一種の考えに気がつく。羊を探しに行く羊飼いのたとえにすでにあったように、羊飼い（神）は御自分のみがもちうる豊かさを出て、危険にさらされた一匹の羊を救った。命が助かったのは羊であるが、「喜んだ」（ルカ一五・五―六参照）と福音で言われるのは、探しに行った羊飼いのほうである。ヨハネにおいては、受難を目前にしてその苦しみに向かって行くイエスが、最後の晩餐で自らの生涯を総括して、自分の喜びを表現している。「これらのことを話したのは、わたしの喜びがあなたがたの内にあり、あなたがたの喜びが満たされるためである」（ヨハ一五・一一）。イエスの語る言葉を聞くことで弟子たちが喜ぶはずであるが、ここでは弟子たちの喜びは、イエスの喜びで喜ぶものとされている。イエスがまず弟子たちのうちに喜んでおり、このイエスの喜びによって、弟子たちも全面的に喜ぶようになる。つまり、イエスが弟子たちを中心にして彼らのうちに自らの喜びを見出すことによって、愛されている弟子たちがイエス自身の喜びで満たされて、自らで完全な喜びに至るということである。同じように羊飼いの場合で言うならば、イエスにおいても脱自的な愛が、その的であり目標である「他者」（羊ないし弟子たち）にとって、イエスの愛にその起源をもつことによってその人自身の喜びが燃え上がり、しかもイエス（ないし羊飼い）に固有なものとして点火されながら、この「他者」において、また「他者」自身の喜びになっている。そうしたかたちでこの「他者」のほうが喜ぶようになると、イエスは弟子たちに対して伝えている。すなわち、脱自的な行為において、愛される「他者」が豊かになることこそ、関わりの源と実行者である愛する者（羊飼いまたはイエス）の側においては、関わりの喜びなのである。しかも、他者における自分の喜びを他者のものとして、つまり他者のために自分自身のものとして喜んでいることに、愛する者の喜びの充満さがある。そこにこの話の重点が置かれている。しかし、こうしてさらに、愛する者（イエス）の愛の内に、愛される者（他者、羊）自身における愛の喜びが、愛する者の愛と喜びとして含まれているから、愛される者における喜びは、なお自己中心的なものに留まらないで、愛する者（イエス）の愛と喜びを、愛する者と一致して遂行しているのである。このこと全体こそが、自分を忘れる根源的な（神ないしイエスからの）愛の本質的構造であり、人間への神（またはイエス）の愛と喜びの真の有様を示す。

この意味で、神（またはイエス）は、御自分で人間のうちに引き起こし、その人が自分で実現する愛の行為、すなわち神自身の「他者」における、しかも「他者」のために成されるその行為においてもまた、神（ないしイエス）の行いと、その人自身の兄弟愛の行いとが一つのものになり、それにおいて、神（ないしイエス）自身と、神によって相手にされている人間が根源的につながり、神の行為のうちに一つとなり、共に喜ぶ。それは、神がキリストと共に一つの、つまりキリスト自身の喜びを味わうのと同様である。神（またはイエス）の愛が、それをいただく人間のうちにその人の行為として実を結ぶときに、「種を蒔く人も刈る人も、共に喜ぶのである」（ヨハ四・三六）。失われた羊について言われているように、「このように、悔い改める一人の罪人――つまり羊飼いが見出すことの出来た羊――については、……大きな喜びが天にある」（ルカ一五・七）。天あるいは神の国における人間の完成と喜びは、神（またはイエス）のその人に対する愛の関わりと一つとなった、神と人間に共通の愛と喜びである。「主人は言った。『忠実な良い僕だ。よくやった。……主人と一緒に喜んでくれ』」（マタ二五・二一、二三）。このことは、人生が完成された後に初めて起こるのではなく、すでに今の生において、キリストの言葉に基づいて神の愛を信じ、それを生きる人に具わる。「世にいる間に、これらのことを語るのは、わたしの喜びが彼らの内に満ちあふれるようになるためです」（ヨハ一七・一三）。

ここには、神の愛についてどのような構造が明らかになっているのであろうか。イエスが自分と神との関係に関して証しているように、神が御自分の似姿である人間を保留なしに愛してくださるなら、神は自らの重点を人間の真中に置くことによって、御自分の内面性、つまり、その存在自体を、愛の志向性によって人間に移し、人間と一致させている――これこそ、愛そのものの本質だからである。その際、神がただその存在と力でもって人間に対して現存するだけではなく、（もし言葉が許されるならば）まさに自らの愛する自己そのものを、人間の自己に――聖霊において――賜り、それと一致させ（ロマ八・一六参照）、そのうえで御自分の似姿として神に向かって開かれて存在し、神にあこがれる人間と一致させようとする。愛は、自己にとって単に外的なものを相手に渡すことではなく、自分そのものを挙げて、贈与するからである。

こうした自己贈与が神の自由によるものであり、その絶対的な自由と自己同一性によって行われるので、神自身の自立と自己肯定とは、自己同一的であり続けながら、人間への愛として人間との合一を内容とする。そこで人間が、自分なりの存在そのもののみにおいてではなく、その意志と心において愛されているから、神は人間を対象と見なして取り扱うのではなく、御自分と相互に内在するものとして、聖書の言葉で言えば、「愛する子」（マタ三・一七）として迎え入れ、御自分を人間に与える。人間側の受け入れの不完全性によってしか制限されえない、それ自体に優るもののない神と人間との一致が、神の側から御自分の充満さを人間との交流と一致において所有することになる以上、神は、御自分の愛とその喜びを人間のうちにおける自らとの一致においてもつのであり、つまり、御自分の喜びを神に対する人間の喜びのうちに所有することにもなる。自己同一的でありながら、愛する限りにおいて脱自的な自己贈与としか言えない神の心は、そのように人間の喜びを本来に自らのものである喜びとしてもっている。そのことは自分を与える限りでの神の喜びであるとともに、神の愛のうちに燃えている人間自身の完成した愛と喜びと一致している。言ってみれば、神の内面は、人間をその愛の内容とすることのうちに御自分に戻り、相手である人間の内に、彼と共に、また彼のために、御自分の幸福をもつことによって、御自分が愛の喜びのうちに、人間を――自らの子として――御自分のなかへと引き寄せ、この幸福と愛の相互性において、御自分自身として喜んでいるのである。このように、イエスは自分を神に愛された者として知り、愛をもってその関係を返すことの中に、御父への愛との一致のうちに、また自分の喜びを父に対する愛と喜びとしてもっている。かくして、愛である神（二コリ一三・一三参照）は、その愛においてまさに御自分の愛している者のうちに、「息子を見つけて……首を抱き、接吻」（ルカ一五・二〇）し、彼と共に、そして互いの内に「楽しみ喜ぶ」（ルカ一五・三二）ことになる。

神に抱かれて、神を抱くことのうちに、イエスは自分のアイデンティティ、すなわち「父のふところにいる独り子である神」（ヨハ一・一八）としての本来の自己を獲得する。そして御父を、愛する方そのものと心底から理解し、神の愛に貫かれて、父の愛への喜びのうちに人へと愛をもって関わることを学び、その中にすべての喜びを覚えた。旧約で、神の知恵が喜び謳っているとおりである。「日々、主を楽しませる者となって、絶えず主の御前で……人々と共に楽《がく》を奏し、人の子らと共に楽しむ」（箴八・三〇―三一。マタ一一・一九参照）。このように、イエスの人間関係は、父の愛から学んだことの響きとその延長である。「父がなさることは何でも、子もそのとおりにする。父は子を愛して、御自分のなさることをすべて子に示されるからである」（ヨハ五・一九）。イエスの目と心で見れば、父に特徴的な関わりは、他者にとって喜びとなること、共になって他者にしてあげることであり、また他者において他者を通して、他者にそのようにさせてあげることとは、神自身の無償の隣人愛である。

この愛の構造を、イエスは善きサマリア人のたとえを通して明らかにする。「『わたしの隣人とはだれですか』」（ルカ一〇・二九）という律法学者の問いに対し、イエスはこのたとえを踏まえて、「『だれが追いはぎに襲われた人の隣人になったと思うか』」（ルカ一〇・三六）と問い返し、強盗に襲われて救助の手を求める人というように、他者にとっての隣人とはだれかということを中心に据える。つまり逆に質問することによって、単なる自分自身を視点にし、自分から人への距離を量って、それを助けの手を差し伸べる義務の基準とする律法学者に対して、自分に囚われることのない、出会っている見知らぬ人への脱自的な愛を要求する。真の愛は、自分だけの状態に過ぎない私的感情から生じるのではなく、助けを必要とすることで神が「わたしに与えてくださった人」（ヨハ六・三九、一七・六、九）に対して、自分を自発的に開くことのうちに成立するのである。こうした他者中心的な愛のうちにこそ、人間が「永遠の命を受け継」（ルカ一〇・二五）ぎ、神のうちに真の自己へと成長して、自分によって愛された他者、すなわち助かって喜ぶ他者と共に、限りのない幸福を味わう。未知の他者のために、自分の命を賭けてそれを失うことを恐れない態度と、神の憐れみに満ちたその愛を自分の心を通して生きる努力は、他者に対して開かれた目と心をもって実現するならば、命と喜びにあふれて、神の中から生じる新しい自己の誕生になる（ヨハ一二・二五参照）。すなわちこの努力において、愛を与える自分は相手の命と喜びになり、相手と共に愛のうちにキリストと結ばれて「新しく創造された者」（二コリ五・一七）となる。

他者に対して愛をもって開かれた態度において、人は自分の存在の根底から利己心と執着から解放される。それゆえ第三者に与えられた憐れみや愛、そして助けは、それを目撃して了解した人にとっても、助けを与えられた人と共に、また彼のうちに、その助けが自分自身に与えられるかのように、それと同じ喜びに与る要因となる。「『わたしの兄弟であるこの最も小さい者の一人にしたのは、わたしにしてくれたことなのである』」（マタ二五・四〇）。愛する人は根本的に、だれに対しても心を開いておいて、憐れみにおいても、愛と喜びにおいても、その人を通して自分のことを実感するからである。つまり真の愛とは、他者において他者と共に喜ぶことにある。かくしてそのような愛のうちに、どんな人でも、神にとって最も近くて神に愛された「隣人」であり、キリストの兄弟になっている（ロマ八・二九参照）。そのことが分かり、さらにキリストの兄弟として神との関係を信じ生きる人にとって、だれもが隣人と兄弟であり、キリストがそこで共にいるというこの事実は、相手とのつながりにおいて無反省的な経験で実感できる。他人に対するこの理解は、追体験のような一時の心理的な現象に尽きるのではなく、神の普遍的な現存に基づいたものであり、そこで人間は、愛である「神の本性に（信仰において）与らせていただく」（二ペト一・四）。というのは、この理解が人間の内的根源から浮かび上がる命の響きだからである。かくして、キリストが霊において神の愛に導かれて人の病を進んで自分のものとした（マタ八・一六―一七参照）ように、パウロも、自分が「キリストの愛がわたしたちを駆り立て」（二コリ五・一四）られていることを知り、「わたしは、あなたがたのために苦しむことを喜びとし、……キリストの苦しみの欠けたところを身をもって満たしています」（コロ一・二四）と述べている。

こうした愛のうちに「神の満ちあふれる豊かさのすべて」(エフェ三・一九)があり、それは愛によるへりくだり(フィリ二・八参照)において受肉し、「キリストの愛」(エフェ三・一八)と一致することになる。この神の充満さが、「キリスト・イエスの愛の心」(フィリ一・八)に「余すところなく、見える形をとって宿っており、あなたがたは、キリストにおいて(それによって)満たされているのです」(コロ二・九―一〇)。このように、受難においてイエスの開き貫かれたわき腹(ヨハ一九・三四、七・三七―三九参照)から、「わたしたちに与えられた聖霊によって、神の愛がわたしたちの心に注がれている」(ロマ五・五)のである。イエスは、弟子たちの相互の交わりにおいてこの愛の「火が……燃え」(ルカ一二・四九)るようになると、「愛の慰め、『霊』による交わり、それに慈しみや憐れみの心」(フィリ二・一)がその極みにまで高められることに、神の愛とイエスの喜びが全うすることを期待していたのである。

第一一章　神の名
――人間の名――

一　名前とは

人間に名前があるということは、歴史と諸文化が示すようにまったく普遍的な現象である。だが、その機能はもとより、名前の文法さえも必ずしも明確ではない。それにしても、人間にとっての「名」というものがもつ意義への問いは、人間存在の最も奥深い問題に触れると思われる。自然物には基本的に名前が具わっていないし、人間に対しても名前が自ずとついてくることはない。しかし、社会生活は名前なしには考えられないばかりか、童話や神話においても名前の果たす役割は顕著である。故人との関係、また宗教と信仰において、名前は無視できないほど大きな意味を擁している。

人間の一人ひとりには相応の名前が与えられているが、それは単に人と人を区別するだけではなく——それならば数字で代用できたかもしれないが——、人間の自己評価と自己理解をも支えている。だが、名前をただ見聞きするだけではそれが実際にだれを指すのか、どういう人であるのかまでは分からず、秘められたままであることも名前の特徴である。なるほど名前は文化圏によって多様なかたちを取っているが、概してその人に具わる姿や才能などの個性を記述するものではない。そうであるとすれば、名前が表すものは果たして何なのだろうか。

名前は、多くのものに共通な特徴を普遍概念にまとめ、それによって人を一定の在り方をもった者として名指すとともに、ある個人を直接に指す役割をもっている。とはいえ、人の個人性は、概念的な把握や一般的——例えば数学に基づいた——図式、あるいは体系の中への位置づけによって理解可能になるわけではない。まさに「個」を意味するからこそ、一定の個人をその人自身として周りの環境や世間一般から浮き彫りにし、この意味で人間を主体として扱う。そのため自立や主体性をもたないものに対しては、本来、名前はつけられない。例えば、川や山に固有名詞がつけられていても、それは「名前」ではない。名前は、その担い手にある種の偉大さや尊厳を認めることを含意するものだからである。したがって、そうではない単なるもの、例えば材料や道具には、本来の意味で「名前」がつかない。仮に自己意識を示さないもの、あるいは人間と親しい関わりを実現できないものに対して名前がつけられているならば、それはむしろ比喩的な意味においてであって、そうした「名前」とその「もの」とは一致していないと理解されている。もともと名前を呼ぶことは、呼ばれた人を相手にし、その自由を認め、理解と互いに関わり合う能力をもった個人として見なすことである。自分の名前が呼ばれると、人はそれが自分自身を指していることを理解する。このように、名前は呼ばれる人の自己理解を前提とする以上、少なくとも一般名詞ではない。それは、「あなた」と呼べるような状況と、呼びかけを受けとめる「だれか」を意味している。

しかしながら、自分を名指しまた自分でも名乗り、自己の意識に呼びかけるその「名前」は、本人が自分で選んだものではない。名前はまさに、自分の理解と賛成に先立ってつけていただいたことに由来する。確かに名前を用いて人を人間同士の交わりに招き入れる際、その人は尊厳を伴う自立者であり、かつ互いに交流する能力を有している場合に限定される。だがこうした交流を可能にする以前に、名前が呼ばれることによって、人は自分自身へと呼び戻され、自分に話しかけている相手に気づき、自らを人格的主体として発見する。換言すれば、自分の名前が呼ばれ聞こえたとき、人は自分自身に対して目覚め、その呼びかけによって自分を主体的な自己として、いわば構成していただくのである。このように、自分に向けられている呼びかけとその意図に気づき、それが自身の内的中心を貫くという原体験に基づいて、人は自己のアイデンティティを意識において獲得する。

自己が自らを知り、受け入れ、肯定することはそれ自体であるが、自分の名前が呼ばれるのを聞いて初めて、自分がある方によって相手にされていることが分かる。そこで向こうの呼び声に媒介されて、その影響のもとに、聞き手は自己を自らの中心まで反省的に自覚するようになる。しかし、中心的な自己意識を呼び起こすまでの看取に至るのは、単に音声を聞き取っただけでは不十分である。むしろ聞き手が受け取った呼びかけのうちに、自分が元から知っている善さやありがたさに加え、自分の存在に向けられた相手の愛と喜びを感じ取ることによって、真の自己意識が呼び起こされる。つまり、名前の呼びかけという関わりは、聞き手の中心にまで及んで、「わたし」が「ここに」呼ばれていることをその人に知らせる。そのように自分を尊敬され、愛された者として呼び手との関係の中に位置づけるとき、人は相手からいただく働きかけを自分のうちに受けとめつつ「答える（ように招かれた）者」になり、自己を積極的に相手に向けることができる。呼び手が与えてくれるこの関わりが、自分の本来の存在や自己経験と同質的であり、信頼に価するという実感的理解が成り立つと、聞き手は自己との同一性を獲得し、呼びかける相手に向かって自分を開き、自発的に答えていく。また、聞き手である子には、自分を呼んで話しかけてくれているのは父であるということが、自己の起源についての根源知において知られ、自らの存在を成す依存関係の響きというかたちで聞き取られる。

呼びかけによって形成される子のうちに恵み深くて力強い父が存在し、常に共にいてくださるという理解が礎となって、世界を秩序の整った全体として、さらに人間同士を自分に近い者として迎え入れる根本的な態度が育つ。この精神的な地平の中で子の自己理解と言語能力が発展し、世界がその意味に従って分節化され、秩序づけられる。「子は、父のなさることを見なければ、自分からは何事もできない。父がなさることはなんでも、子もそのとおりにする。父は子を愛して、御自分のなさることをすべて子に示されるからである」(ヨハ五・一九―二〇)。

二　名前を与えるという行為

以上に述べたとおり、名前をもつということが各自の決断によるのではなく、名前をつけてくださった方、つまり両親ないし父から始まるので、名前を通しての自己理解には本質的にその起源に遡る構造が含まれており、しかもそこからこの構造が、人間自らの生きているその世界においても見出される。それゆえ人間が名前を理解し、自分自身を探るようになるとき、自己がどこから在るのかという父への問いと、自分は何のために世界に送り出されているのかという人生の意義への問いとが、結びついて立てられる。この二重の問いは人間の意識の根底を成し、父との元来の関わりに不可欠なテーマになっている。しかし、子の名前を呼び愛情をもってその自由を認めてくれる父からの関わりを、心のうちに持ち続ける子においては、人生の起源と目標へのこの問いかけは、父の有様と意図への問いとしてさらに展開される。成人した自己においては、真理との関係、また意義や恵みとの関係で問うかたちになろう（ヨハ一・一四、一七参照）。

このように自己の名前そのもののうちに、自分に命を授け、自立と自由を与えてくださった父が愛してくださる方であることが含まれている。この理解が子の心に湧き上がるとき、「あなたはわたしの愛する子、わたしの心に適う者」（マコ一・一一、ルカ三・二二）という声が聞こえる。父との関係のおかげで、自分が存在するのは単なる偶然ではなく、愛を込めた意図に拠っているという意識は、名前を通して自分と父とを知るようになった子において、父に対する感謝を、自分に対する自信を、世界に対する勇気と希望を授けてくれる。それと同時に、こうした安定感を伴って理解された父に比肩する者は、この世界に実際に存在しないことが成長するにつれて子には分かってくる。ゆえに「地上の者を『父』と呼んではならない。あなたがたの父は天の父おひとりだけだ」（マタ二三・九）と悟り、具体的な（家庭の）父親を通して、あるいはより先の次元で、直接に父なる神に向かう道が開かれる。なぜなら名前をもち、それゆえ父をもっていることが人間にとって本質的であり、人生あるいは現実の世界に沿ったことではあるものの、心が無限な存在に対して直接に目覚めて神の存在を理解するに至ると、人間は神に対する信頼が課題であり、人生が自分への約束であることを受けとめ、「世界を受け継ぐ」（ロマ四・一三参照）大きな希望を抱く者になるからである。「お前はわたしの子……わたしはお前を生んだ。求めよ。わたしは……地の果てまで、お前の領土とする」（詩二・七―八）。かくして人間は、自分の名前が父の自由から与えられたものであり、地上の父親を介して自己の人格的な根源知に刻印されていることに気づく。こうして神のみを父と敬い、すべての人をその父の子、つまり「兄弟、姉妹、また母」（マタ一二・五〇。マタ二三・八参照）として重んじる態度で生きることができる。

三　名前における父との関係

名前を与えてくださる起源そのものは、名づけることのできない、ただそれ自身によって自己として存在する「思惟の思惟」（アリストテレス）である。すなわち、預言者たちが悟ったように、他者による媒介なしに自分自身のみによって「わたし」と言うことのできる方である。神は、「この事を起こし、成し遂げたのはだれか。それは、主なるわたし。初めから代々の人を呼び出すもの」（イザ四一・四）、「主であるわたしは、恵みをもってあなたを呼び」（イザ四二・六）、「わたし、わたしこそ神、あなたたちを慰めるもの」（イザ五一・一二）と自らを語り、人間にとって「お前たちの避け所……見よ、わたしこそ、わたしこそそれである。わたしのほかに神はない」（申三二・三八―三九）方と理解される。

根源的な「わたし」と自らを命名する存在は、「我々にかたどり、我々に似せて、人を造ろう」（創一・二六）と決心し、「創造の日に、彼らを祝福されて、人と名づけられた」（創五・二）。この「人」、人間であるということが神の似姿として造られていることに由来するとすれば、それは神自身の名への問いを伴わざるを得ない。けれども「どうか、あなたのお名前を教えてください」（創三二・三〇）と尋ねるヤコブは、「どうして、わたしの名を尋ねるのか」（創三二・三〇）と真正面から断られて、自らの名を伝えてくださらない方に祝福されたまま無知の中に残される。

それゆえ、神に世界内の有限的なものから取った名を当て、矮小化しイメージ化する試みは、まず退けられなければならない。そのうえで、神が御自分について使っている「わたし」は、人間の「わたし」以前の「わたし」であり、そうした先立つ「わたし」として人間の「わたし」の前提であることが人間のうちにも明らかであり、真に理解されていると言えよう。すなわち人間は、第一の「わたし」によって「あなた」と呼びかけられることで初めて自分に立ち戻り、自分を「わたし」として把握できるようになるからである。それは、父や母が子供に顔を向け、声をかけて心を表すという触れ合いによって子供にとって同定可能な親となり、子が親との相互理解に入っていくのと同様である。より先に、より上にある者は命の源と愛の泉であり、名前を授ける権能をもつ。このように上から降る順序づけがあることは、羊飼いと羊の間の関係によっても表現される。「わたしは自分の羊を知っており、羊もわたしを知っている。それは、父がわたしを知っておられ、わたしが父を知っているのと同じである」(ヨハ一〇・一四―一五)。

父が第一の根源であり、先におられるという人格的関わりの方向づけは、名前を授かり呼びかけていただいた人の理解にとって構成的である。つまり子は、起源たる父との関わりの中から自分を自立した者として受け入れながら、その父と自分がどのように関係づけられているのかを理解して、父によって自分が自分に与えられていることを自覚する。親しい信頼関係における父との一致は、子が父をより先の方として敬い、父との関わりのうちに自分がその方と関係的につながりをもっており、なおかつ均しい者としていただいていることを知る基盤を成す。「わたしと父とは一つである」(ヨハ一〇・三〇)。父と子の差における一致は、子たる人間の自己意識を貫き、父から発する自立した子としての自覚を根拠づけると同時に、父に向かって脱自し、自分を超出していくうちに完成するという自己理解において存続する。この関係づけは、人間が神によって

「わが子」（詩二・七参照）と呼ばれる限り、普遍的な意味での「父なる神」という呼びかけの第一根拠である。「御父から、天と地にあるすべての父〔由来〕性（原文通り。patriá）がその名を与えられています」（エフェ三・一五）。父が本来、自らの絶対的で自由な自律のみに基づいて御自分を知ると同様に、「わたし」という元来は神内の言葉をもって、「わたしの子」という人間への創造的な呼びかけをされることを通して御自分のことを表す。この行為は、分有というかたちで人間を神の自己同一性に与らせるものである。人間が自らを「わたし」と理解することにおいて、神の似姿であることをその深部まで実感させ、また理解可能なものにし、かくして人間の人格の発展をその超越的目標である父へと導く。

四　将来を拓く名前

名前がそれを与えてくださった方との関わりにおいて本来的に機能するのは、父と子の交わりに光を照らすことを越えて、父が子に命じる課題という派遣の関係にまで伸展する見通しを開くときである。そこで根源的な存在（父）と派生する者（子）との間に、本質と尊厳に関しては相違がないにしても、課題の設定と働きの指導に関しては、父が第一根源であると考えるべきであろう。

名前というものは、その意味において、子に対する父の望みと期待を表すのが常であろう。父によって名前が呼ばれると、子は本来の自己に呼び戻されるとともに、父に向かう適切な対応関係にも呼ばれて、自分に与えられる課題に気づく。しかし、たとえ人生が推移するうちに状況が変わり、課題がさまざまなかたちを取ることになっても、同じ父と同じ子たる自分との関係のもとで名前は変わらないままで存続し、常に新しい側面を示すとともに、その元来の意味をより豊かに表す。内に響く父の声に忠実に耳を傾ける子には、その都度の父の御旨が何であるのか、必ずしも分かるわけではないかもしれない。だが、いつも同じ声に呼ばれていることで識別可能となる。その呼び声に勇気と信頼をもって従っていく態度を通して、子は聞き手としてますます父に適った子へと発展し、父の目指す目的に近づいていく。そこで子に対して、名前を通して授けられた父なる根源との存続するつながりに基づいて未来が拓かれ、究極的な完成への方向が示される。「羊は（羊飼いの）声を聞き分ける。羊飼いは自分の羊の名を呼んで連れ出す。自分の羊をすべて連れ出すと、先頭に立って行く。羊はその声を知っているので、ついて行く」（ヨハ一〇・三―四）。

人間の一人ひとりに初めから与えられた名前に、「あなたはわたしの愛する子」（マコ一・一一）

ということが根源的に託されている。とはいえ、名前そのものを成すこうした呼びかけにどういう意味が込められているかは、この世の人生の途上においては不完全なかたちでしか理解されない（コロ三・四参照）。呼びかけの聞き手は自らの一生を歩み通し、最終的な目的に至った段階で、根源的な父によって示された可能性と課題を子たる在り方をもって全うし、完全に「子」となる。こうして呼びかけを通して常に導いてくださった父に直面し、顔と顔を合わせて知るに至ると同時に、子そのものとしての自分の本性、またかけがえのない自己自体の真の有様を悟る。「わたしたちが神の子と呼ばれるほどで、事実また、そのとおりです。世がわたしたちを知らないのは、御父を知らなかったからです。……わたしたちは、今すでに神の子ですが、自分がどのようになるかは、まだ示されていません。しかし、御子が現れるとき、御子に似た者となるということを知っています」（一ヨハ三・一―二）。

名前の中に、人生に意味があり、その意味が全生涯を通して実現されつつ、到達点において全面的に顕わになるということが込められている。それゆえ、子が人生を超えたところにまで行き着いたときに、初めて名前は十全なかたちで授けられ、全面的に自分のものとして理解される。「勝利を得る者には、……白い小石を与えよう。その小石には、これを受ける者のほかにはだれにも分からぬ新しい名が記されている」（黙二・一七）。今の世では隠されており、最終的な名のうちにそれをいただく個人自身に固有な名前とともに、自ら人となり、人間に呼びかけ導き手となった原型たる子（キリスト）の名、そして何よりも第一起源たる父の名が、神秘的なかたちで一つになっている。「勝利を得る者を、わたしの神の神殿の柱にしよう。彼はもう決して外に出ることはない。わたしはその者の上に、わたしの神の名と、……わたしの新しい名を書き記そう」（黙三・一二）と、「アーメンである方」（黙三・一四）が「耳ある者」（黙三・一三）に告げるのである。

第一二章　神の似姿

「自分とは果たして何なのであり、何のために存在するのか」は、人間にとって必ずや生じる問いであろう。人間には自己認識と自由があり、そのうえで自分の生き方を自ら決めなければならないからである。本章では、人間の自分自身をめぐる問いはどのようなことを探ろうとするのか、人間の意識から出発して聖書の基本的な人間像に従って展開してみたい。

一　母と子という範例

私たちには意識があることによって、常に自分自身のうちに留まると同時に、自分の周りにある他のものへと関わりながら生きている。自己は他なるものに対して開かれているという在り方に拠って世界内に生き、理性で世界を存在に向かって超えることが人間の本質的な特徴である。

その際、自己であることが人間存在の根本を成しており、その自己の実現は常に他なるものを前提と基盤にして自分に立ち戻り、人生の意義を識別しようとする。

人間の他なるものとの関わりは感覚的認識に基づいており、特に眼を通して成就する。眼は他のものに向かっており、それでもって人間は自らを世界の中に位置づけ、自分の在り方と課題を弁える。人間は見ることによって、それ自体で存在する他のものを認め、評価するからである。

こうして、すでに赤ん坊は母の胸にすがって両眼をまっすぐに母の眼に合わせ、母から自分に注がれる眼差しを心に刻み込んで、自分に向けられた母の人格的な関わりを自分に同化する。母によって大切にされていることを自分のうちに経験することこそ、子供には自己発見と自己の受け入れの基盤となる。つまり、両眼をじっと母親に向けてそこに静かに留めておくことは、命の充満さを味わい、この関わりを通して命と愛に与るだけではなく、これを媒介にして人生を自分のものとして喜びのうちに感じるようになるのである。

同時に、母親も微笑みながら子供の眼差しに答えて、顔を合わせて子供への愛情の中に育ち、母として豊かになる。この相互関係は、母のうちに一生変わることのない愛の生きた関係として存続する。「女が自分の乳飲み子を忘れるであろうか。……女たちが忘れようとも、わたしがあなたを忘れることは決してない」（イザ四九・一五）というふうに、預言者は親子の関係の中に計り知れない深さを見て取っており、そこから神の人間に対する関わりを理解している。

二　人間への神の関わりという原型

人間が眼を通して他者に向かうときに、その眼差しは単に心を反映するだけではなく、相手へのこの関わりによって自らを実行し、関わり合いの意味を実現する。確かに私たちは多くの場合、眼をただ物事を把握するための一種の道具として用いて、対象の在り方を調べることがある。しかし、人間同士が人格者として互いを見合って対面すると、自分自身を現し合うこの関係において、眼の果たす役割は単なる主体・客体関係をはるかに超える。つまり、大人同士が互いに眼を合わせ向かい合うことによって根本的な事柄をめぐって対話し、権威の行使や身分の違いを抜きにして、最も内的な自己を隠すことなく、根源的な決断性をもって共に考えるときに、互いに理解し合う場がそこに浮かび上がってくる。その際、議論を交わすだけでなく、根源的な確信を相手に打ち明け、それを相手が責任をもって受けとめることを信じ合う。このような場面を聖書では「顔と顔を合わせて語り合う」と適切に表現しており、まさに神の人間への最も純粋な関わり合いを指している。「主は人がその友と語るように、顔と顔を合わせてモーセに語られた」（出三三・一一)。このような信実の出会いにおいて神が現存することは、人間の心の深みのうちに理解されるので、人間はそこで神に向かう究極的な決断を下すことができ、自分の人生の課題を発見する。「主が顔と顔を合わせて彼(モーセ)を選び出された」(申三四・一〇)。

「顔と顔を合わせて」という表現は、確かに眼や眼差しから取られているのではあるが、「語る」、つまり言葉による対人格的な関わりを成す言語行為を同時に暗示している。なお聖書で語る主体として前提されているのは、基本的には人間ではなく神自身であるので、この「顔を合わせる」という人格同士の行為的関わりは、単なる人間同士の語り合いとは異なるものであり、聖書において常に神自身から生じるとされている。神が御自分のほうからその真理をもって人間に語りかけることによって、人間はこの呼びかけに基づいて神に対面するものとなる。「主の方に向き直れば、覆いは(人間の顔から)取り去られ」(二コリ三・一六)、自分を神に向かわせて神の顔を仰ごうとするようになる。むろん、ここに「神の顔」が姿として現れるのではなく、人間が言葉を受け入れることによって、神への本来的な方向づけに立ち戻り、つまり自分を自分の力で実行するよりも、むしろ神の自己啓示による根源的な受容性のうちに神によって造り直していただく。そのように神の語りかけのもとで、人間は言葉に耳を傾ける者へと変容し、神に直面させられ、神との対面関係において新たにされる。かくして人間は、神の言葉を通して、言ってみれば神の響き、あるいはその鏡となり、神の似姿としての自分の究極的な在り方を実現する。「わたしたちは皆、顔の覆いを除かれて、鏡のように主の栄光を映し出しながら、栄光から栄光へと……造りかえられていきます」（二コリ三・一八）。

三　神の似姿である人間

神への人間の自己転換のうちに神が呼びかけを通して自らを現し、人間を相手や「友」（出三三・一一）とするので、人間もまた呼びかけのもとでその「言葉」に従って——子供が語ってくれる親に顔を向けるように——神自身の顔を探し求める。そして、反映が原型によって規定されているように、神とのより密接な接触に憧れて神の似姿となる。この転換において、人間には鏡に映したときのように自らの本来の顔や目的が理解可能になる。「御言葉を聞く……者がいれば、その人は生まれつきの顔を鏡に映して眺める人に似ています」（ヤコ一・二三）。神へのこうした対面性とそれに伴う合致関係において、人間はその存在のうちに開かれ、自らの有限的な在り方を越えて無限な善さに触れ、それに満たされる。

四　神内の「言葉」

神に向かうこの自己超越ないし――人格的な表現で言えば――神への愛は、創造によって本来、人間の内的根底を成している。人間にとってこの自己超越が可能となるのは、神が呼びかけという「言葉」そのものによって人間を自己執着から解放し、根源的な存在へと向かわせる導きがあるからである。このように「言葉」は一方、神から発し、神の無限な善さを理解させ経験させる限り神を現存させるが、他方、創造によって人間に内在し、神への対応関係への志向的開きを通して人間を無限な完全性を目指す者として「造り主の姿」(コロ三・一〇)に従って生かし、終極に「新しい人」(エフェ四・二四)へと高める。かくして神の「言葉」は、「神と人との間の仲介者」(一テモ二・五)として神からの、また神への関わりをもたらし、両者を結び合わせているのである。

人間は、その精神的有様において真理と善さへと直接に開かれているので、本質的に神の言葉そのものを目指し、自らの原型として心の根底においてこのことを知っている。「言の内に命があった。命は人間を照らす光であった」(ヨハ一・四)。人間の内的な在り方は、その精神的な認識と愛する意欲に関して神からの関わりという「言葉」において制限なしに、つまり無限に神を肯定する思考力が授けられている。この無限への開きは、意識の反省に先立って精神の働きを支えているが、単なる世界内の主体である人間の有限的な精神によってのみでは理解されえない。むしろ人間存在そのものは、無制約的な真理と充実した善さを目標とする者としては、無限で絶対的な神から発出し、神を表現できる神的「言葉」によって根拠づけられた者として初めて成り立っており、またその本質において理解可能となる。それゆえに聖書では、人間に固有な存在の在り方を直接に神、その神的自己認識のうちから根拠づけている。「神は御自分にかたどって人を創造された」（創一・二七）。かくして神が御自分を知り、自らを自分の中で表現することによって、神内に神を発現する完全な「言葉」が生まれている。「言《ことば》は神と共にあった。言は神であった。この言は、初めに神と共にあった」（ヨハ一・一―二）。この「言葉」は、神には「初めに」、つまり本質的に具わり、完全で根源的な神的反映として世界内のあらゆる「言葉」や精神的活動と知性的内容の基盤と原型にほかならないので、人間の意識、思考力、自由意志をその根本から支え、存在論的に形成している。「言の内に命があった。命は人間を照らす光であった」（ヨハ一・四）。

五　人間に宿る神の「言葉」

このように神の超越における無制約的で不可変な真理と善さの「言葉」のもとに、人間精神はその本質的な反省と自己意識においてこの永遠の「言葉」に内的に（超越論的に）導かれて、自らの有限的な主観としての制限による束縛を突破する。そこで精神は、認識と意志でもって存在を映し出す知的活動を行い、それ自体でまさに根源的な「言葉」ないし真理を知る「言葉の能力（ロゴス）」となっている。

しかし永遠の「言葉」が原型でありながらも、人間の意識の反省に先立って機能し、その光が「暗闇の中で」（ヨハ一・五）隠れており、そのために曇らされている。それゆえ「暗闇に住む」（マタ四・一六。イザ九・一参照）人間を助けるために、この「言葉」が外から、つまり言語を通して世界と人間に知らされることになり、「言は肉となって、わたしたちの間に宿られた。わたしたちはその栄光を見た。……恵みと真理とに満ちていた」（ヨハ一・一四）。

こうして今や創造による本質的な方向づけが恩恵によって新たに生き返らされ、人間の外と中が共に働いて、神の最終的な言葉として理解できるようになった。「神は……多くの仕方で先祖に語られたが、この終わりの時代には、御子によってわたしたちに語られました」（ヘブ一・一―二）。そこで人間は元来に具わっている永遠の「言葉」の光に立ち戻ることができるようになるが、その起源をイエスのうちに見出している。「『闇から光が輝き出よ』と命じられた神は、わたしたちの心の内に輝いて、イエス・キリストの御顔に輝く神の栄光を悟る光を与えてくださいました」（二コリ四・六）。

六　人間の原型であるキリスト

人間の直接的原型であるキリスト、つまり「言葉」は、それに先立った存在をその意味内容と成立根拠として有している。それを自らの後に続く者に伝えることによって、この「言葉」を聞いて「受け入れた人、その名を信じる人々」（ヨハ一・一二）には、「言葉」の原型たる元来の存在自体、つまり神を自らの中身とする媒介をその意味である元来の存在で満たして、「神の子となる資格を与え」（ヨハ一・一二）る。それゆえ、元来の存在である神の根源的な「言葉」によって万物は成った（ヨハ一・三参照）と言われる。かくして「御子（「言葉」）は、見えない神の姿であり、すべてのものが造られる前に生まれた方」（コロ一・一五）において「万物は御子において造られたからです。……万物は御子によって、御子のために造られました。御子はすべてのものよりも先におられ、すべてのものは御子によって支えられています」（コロ一・一六―一七）。人間は「言葉」を聞く者である以上、「言葉」の似姿として構成されており、「言葉」自体と共に、またそれを通して「言葉」の原型たる神に似た者、似姿、また子として存在することになっている。「人は神にかたどって造られたからだ」（創九・六）。

人間の精神を生かしている「言葉」が人間に内在することによって、人間にはもともと神が自分の起源であることが理解されるとともに、「神にかたどって造られた人間」（ヤコ三・九）の尊厳についての理解が具わっている。それゆえ人に出会うときに、人間のうちにはその原型であるキリストに対する理解が――何らかの程度のものであれ――必ず呼び起こされ、対面している相手を通してキリストの姿が顕わになる（ヤコ二・一参照）。さらに人間同士の関係において、このように隠れた超越論的な基盤として「キリストはわたしたちの平和であり……、二つのものを一つにし、御自分の肉において敵意という隔ての壁を取り壊し、……両者を一つの体として神と和解させ、十字架によって敵意を滅ぼされました」（エフェ二・一四―一六）。そこでキリストは、第二のアダムとして「命を与える霊」（一コリ一五・四五）となっている。キリストに属する「第二の人は天に属する者です。……わたしたちは、……天に属するその人（キリスト）の似姿にもなるのです」（一コリ一五・四七―四九）。神の似姿としてのキリストが、このように人間を「新しい人に造り上げ」（エフェ二・一五）たことによって人間の存在が新たにされ、究極的な意味で根拠づけられたので、「天に属する者たちはすべて、天に属するその人（キリスト）に等しいのです」（一コリ一五・四八）。しかも、キリストが自分自身をすべての人間にとってその一人ひとりの中心になさったことにおいて、人間同士の関係はイエスを通して神との直截な関わりになっている。「わたしの兄弟であるこの最も小さい者の一人にしたのは、わたしにしてくれたことなのである」（マタ二五・四〇）。それゆえ「神は前もって知っておられた者たちを、御子の姿に似たものにしようとあらかじめ定められました。それは、御子が多くの兄弟の中で長子となられるためです」（ロマ八・二九）。

似姿はその本性に基づいて原型へと方向づけられており、それにますます徹底的に似る者になることによって、原型と合致することを求めている。このようにキリストの似姿であり、それに従って生きる人はキリストに結びつけられ、その態度と生き方に倣い、彼のように、また彼と共に神の愛のうちに生きる者となる。「神の恵みと義の賜物とを豊かに受けている人は、一人のイエス・キリストを通して生き、支配するようになるのです」（ロマ五・一七）。弟子たちを招く福音において「神の似姿であるキリストの栄光」（二コリ四・四）が、つまりその生き方が再現され、その存在が顕わになることを通して神の限界のない善さと栄光が輝き出て、神自身の語りかけが人間に伝えられる。そこで父の似姿であるキリストは人を兄弟として迎え入れるので、イエスのうちに神への愛と人への愛は、その共通の根拠から互いに一致して「愛がわたしたちの内に全うされている」（一ヨハ四・一七）。

イエスは一生にわたって「父」への関わりを自己理解の基盤にし、「世にいる弟子たちを愛して、この上なく愛し抜かれた」（ヨハ一三・一）。「あなたは、いったい、どなたですか」（ヨハ八・二五）と聞かれたイエスは、旧約で神が啓示された神の名を自分に当てはめ、似姿ないし子であるという御自分の存在の秘密を打ち明ける。「わたしはその方から聞いたことを、世に向かって話している。……あなたたちは、人の子を（十字架へ）上げたときに初めて、『わたしはある』ということ、また、わたしが、自分勝手には何もせず、ただ、父に教えられたとおりに話していることが分かるだろう。わたしをお遣わしになった方は、わたしと共にいてくださる。わたしをひとりにしてはおかれない。わたしは、いつもこの方の御心に適うことを行うからである」（ヨハ八・二六―二九）。この言葉のうちにイエスは、ありのままの無防備な存在で人間としての無力を受け入れる自分が、ただ「自分がある（＝自分である）」という、神の絶対的で純粋な存在の似姿そのものであることを暗示している。それゆえにイエスは、自分自身を「神と等しい者」（ヨハ五・一八）であると同時に、「自分を無にして、僕の身分になり、人間と同じ者に」なり、「……人間の姿で現れ、へりくだって、……従順で」（フィリ二・六―八）あることを自分の存在と人生の課題としているのである。

七　キリストの似姿である信仰者

こうしてイエスは、受難において神の真の姿と人間の真なる原型を「神は愛」（一ヨハ四・八）であるという根源的な真理のうちに和解させ、神と人間をつなぐ神の最終的な真理を顕わにした。「わたしは真理について証をするために生まれ、そのためにこの世に来た。真理に属する人は皆、わたしの声を聞く」（ヨハ一八・三七）。福音の言葉と自らの生き方を通してキリストが「救いをもたらす神の力」（ロマ一・一六）を働かせるから、「わたしたちは皆、神の子に対する信仰と知識において」（エフェ四・一三）「古い人を脱ぎ捨て、心の底から新たにされ」（エフェ四・二二―二三）る。そのとき「神にかたどって造られた新しい人を身に着け、真理に基づいた正しく清い生活を送」（エフェ四・二四）り、「成熟した人間になり、キリストの満ちあふれる豊かさになるまで成長」（エフェ四・一三）し、そのように「神の本性に与らせていただくようになる」（二ペト一・四)。

信仰を求めて「キリストについて聞き、キリストに結ばれて教えられ、真理がイエスの内にあるとおり」であることを「学んだ」(エフェ四・二一)人は、「神の力、神の知恵」(一コリ一・二四)を発見し、「キリストと一体になって」(ロマ六・五)イエスの言葉のうちに真なる自由を見出す。「わたしの言葉に留まるならば、あなたたちは本当にわたしの弟子である。あなたたちは真理を知り、真理はあなたたちを自由にする」(ヨハ八・三一―三二)。信仰においてイエスという生きた「神の言葉」(黙一九・一三)を、自分の師、そして道案内として認める人は、その真理によって変容され、真なる自由に至るのである。「わたしたちは知っています。神の子が来て、……真実な方の内に、その御子イエス・キリストの内にいるのです」(一ヨハ五・二〇)。

第一三章　神をどう語りうるか

一　聖書における本というもの

言葉を持って生きることは、古代から人間の基本的な特徴とされている。語り合うことを通して人間同士の交流が行われるため、言葉は語り合いという意志疎通のうちにその本来の場を持っている。とはいえ、人間の理解の努力はその都度の話し合いに尽きるものではない。空間的隔たりと時間的な距離の境界を越えて意味を持つゆえに、言葉は文字となり、交され保存され、書き物として文化の基盤となり現代に至っている。かくして本を読むことを学ぶことで、人間の教育と教養の不可欠な担い手となる。それなしには社会生活に参加できないし、相互理解も成り立たない。

信仰は、聖書すなわちバイブル（＝「本」）を抜きにしては考えられないが、同時に聖書は教会や信者の集いをはるかに超えて、人類の共通な理解を支えるものになっていると言える。そこでは、本というものが認識と知識に留まらず、人類の知恵までも学ぼうとする人に提供する。とはいえ、本が成り立つ以前には自然の世界が、まず語りのきっかけと内容になっている。かくしてアウグスティヌス（三五四―四三〇年）は、神は基本的な書物として人類に二つの本、つまり自然の世界と聖書を与えてくださったと『神の国』で述べている。この両書を通して人間は神を知ることができ、永遠とつながる道が得られる。すなわち本は、ただ自然の世界を陳述するだけではなく、そこに個々人の、また歴史を含めた世界全体の神の計画が書き記されているものなのである。天にあるとされているその本には封印が施されているが、記された歴史の意味を解くことができるのは、「屠られた子羊」（黙五・六参照）のみである。そうすると、「本」というものと関わりを持つのは、基本的に三つ――すなわち創造された世界、救いの歴史に与る人間、そして永遠における神自身とキリスト――であることになる。

この「本」を読むことは、結局世界と歴史を通して神自身の存在と人生の意味を読み取ることであり、それには特別な能力が必要とされる。世界、人間、さらに創造と救いを支配する神のことを正しく理解することは、人間の基本的な課題となる。したがって、ここでは焦点を一つに絞り、聖書を手がかりに考察の一端を展開したいと思う。そのただ一つの点とは、世界の経験からいかにして究極的な意義を読み取り、永遠なるものを表現できるのか、またそれによって信仰をより意義深いものとして発見できるのかということ、つまり宗教的言語と語りの意味への問いである。

二　否定形による神についての語り

宗教のテーマとなる言語の対象は、科学の場合のように認識に直接与えられるものではない。したがってそれについての言語は、もともと世界内の存在者から取られた言葉が基盤となる一方、不可視で超越的な存在を意味しようとするときには、世界内的なものに対する差異や区別が明確にされることになり、ゆえに否定を使って語らざるを得ない。いわゆる「否定神学」の意味は、神の存在を否定するのではなく、逆にその存在をそれ自体として浮き彫りにすることにある。神を世界の原因や根源として表現し、世界内的な事柄においては肯定的な意味で使った表現であっても、今や神にあてはめられるとき、神に対しては否定する言表——例えば「神は物体ではない」、「有限的ではない」というように——を用いて、世界に対する神の超越を主張する。それによって直接で対象的な意味を取り除き、神を把握し難い絶対的な神秘として語ろうとする。

三　神についての積極的で肯定的な語りの可能性

しかしながら、宗教の内容をただ否定的な仕方で表現するとすれば、神自身について積極的に理解できるような内容が一切消えて、単なる超越が指摘されることになってしまうだろう。それゆえに否定神学的な語りの限界を乗り超えるために、世界内のものに固有なそれ自体では有限的な内容の中に、有限的でない、したがって超越的で無限な内容についての積極的な理解を求めることになる。そして、これこそが神などについての一般的な考え方や語りとの一致をもたらしている。一例を挙げるならば、どんな有限的なものの場合でも、それが「在る」、「認識可能（真）である」、「善い」などという言葉で語ることは可能である。しかし、有限者においてはその内容が不完全であるために、神自身の在り方をその通りに完璧に表現できかねているにもかかわらず、神のことを積極的な意味で言い表しうるのである。つまり、有限者との関係を思惟の中で留保し、残っているその積極的な意味――「在る」、「善」、「力」など――でもって神について正当に考えることや、「神は在る、真である、善い」というように述定することはできるようになる。肯定神学では、このようにただ肯定的で、つまり限界を含まない述定をもって、神についての積極的述定が可能になっている。

以上のような抽象的概念の意味内容は、トマス・アクィナス（Thomas Aquinas 一二二四／二五―七四年）も主張するように、「それ自体で」、神に「実体的に」、「もともと固有な仕方で」具わることになる。こうした語り方はまったく正しいものであるとしても、神の完全性をその無限な深みに関しては言い尽くせないし、十分に指すこともできないが、それゆえに肯定神学は、このような仕方で神の絶対的な超越と隠蔽性を否定せずに、しかも否定神学に優ったかたちで世界に対する神の近さと自己啓示を理解する可能性を開く。それは神に近づく人間に、例えば「神が真、善、美、愛、自由、慈しみである」というように、心の理解において方向づけを示す特徴をもっている。聖書、またイエス自身の話において、神の超越と隠れを主張する否定的な表現がよく見られるとともに、それにもまして、こういう肯定的で積極的な神に関する語りは、聖書の神理解を特徴づけている。「主、主、憐れみ深く恵みに富む神、忍耐強く、慈しみとまことに満ち」（出三四・六）ており、また「神おひとりのほかに、善い者はだれもいない」（マコ一〇・一八）。神の偉大さによる隠れと絶対性を主題にする否定神学と、神が創造において自らの完全性を現すことが基盤となる肯定神学は、互いに矛盾することは一切なく、むしろ強めるものになっている。肯定神学は、神の世界への存在論的近さと恵み深さに注目し、有限的なものの根底に具わる存在とその完全性を、存在論的な深みにおいて顕わにすることによって神と世界の積極的なつながりを表現可能にし、人間の神との関わりにも門を開くのである。

四　比喩的表現による神との関わりの理解

哲学や神学においては、「存在」「善」などの抽象的な概念がよく使われるが、聖書では、それよりもはるかに多く現れるのは、人間の生活世界とその感覚的表出に密接に関わる表現である。そこでは神とその働きの特徴、神の国の到来、世界の終末的完成などの諸テーマが叙述され、多様で具体的な表現が保留なしに生き生きと展開されながら、神について物語られている。なるほど、神学者であるパウロやヨハネは、福音書の言葉を言い換え解釈して、本質的な深みまで福音のメッセージを照らしている。しかし、福音は活動と具体的な状況の記述をイメージに富んだ言葉で行い、神とその関わりを書き表すものである。この言語形態は、一体どのような基盤に基づいているのだろうか。

イエスの語りを元とする福音では、おそらく二つの視点に基づいて神のことが表現されていると思われる。上から下へと進んでいく、つまり永遠の存在から降っていくという、特に神の憐れみや愛を主題とする多くの表現が、永遠なるものを直接的に根源的な意味で語り出す。例えば「永遠の命」、「赦し（和解）」、「愛」など、その最も高くて極限に触れる意味をそのままで生かし、完成させることは、純粋な精神的完全性をその超越に向かって徹し、世界の完成という観点から言い表そうとするものである。同時にその場合でも、確かに人間の表現の限界が意識されている。例えば「わたしたちは、今すでに神の子ですが、自分がどのようになるかは、まだ示されていません。しかし……御子に似た者になるということを知っています」（一ヨハ三・二）という言葉において、精神的な完全性は、人間の本質的な憧れ、ここでは神の直視の憧れを全面的に肯定しながら、それをもまた「神の深み」（一コリ二・一〇）を目指して越えていこうとするものとして表現されている。

もう一つの視点として、より単純で手短かなイメージによる表現の仕方が、イエスの口を通して、特にその譬え話に見られる。ここでは具体的な場面と状況が描かれており、人間の姿と日常的ふるまいに根差す仕方で、神のことが表現されている。その際、神は例えば——逆説的に——、厳しい裁判官（ルカ一八・一—八）や助けを頼まれながらも断っている友人（ルカ一一・五—一二）、あるいは外国を旅する異邦人（ルカ一九章）に描かれる。こうした語り方は、人間と神との関係を理解しようとするとき、殊に興味深い。この場合、話に登場する人間の長所と短所、また行動と反応を通して、神自身の心と人間に対する関わりが聞き手にとって分かりやすいかたちで物語られる。それだけでなく、神自身にもともと固有な在り方や心を言葉にして表現している例も少なくない。

こうして例えば、神は忠実な羊飼い（ヨハ一〇・七―一八）で、失われた一匹の羊を捜しに行き（ルカ一五・一―七）、また離れて行った息子の帰りを切に待ち望んでいる父（ルカ一五・一一―三二）、あるいは、借金を寛大に帳消しにする君主（マタ一八・二一―三五）といった譬えを用いて描かれる。すなわち、人間に見られる実例を通して超越的な神の行いと言葉を意味し、表現する方法が採られるのだが、その際に取り上げられるごく当たり前の人間の振る舞いが、直接に神の最も深い態度、その無償の愛までも理解させてくれるものとなっている。そこでの焦点は人間が神に学ぶというよりも、反対にイエスの言葉によって暗示されるものに従って、人間の典型的な態度を通して神の心を浮き彫りにすることにあるという意図が、聞き手にも自然に伝わってくる。つまり上述のように、人間の救いが神に固有な有様として理解されるとともに、ここでは一見してその反対の考えとして、人間から出発して神のことが理解されるという二重の可能性が生かされる。この二重的な理解を通して、人間と神とが互いに属し合うのが自然であるかのように感じられ、また、そのように理解されることが可能になる。かくして神との関わりは、イエスにおいて御自分の父とのつながりを通して言表され、また弟子たちがイエスをこのように見ていることによって、神の有様の啓示として理解されるのである。

五　「父」という原 - 比喩

イエスが神について語る多くの場合、単に「(我が) 父」と言い、しかもそれを形容詞として「神」に付す（父である神）というよりも、むしろ逆に「神である (我が) 父」というように、「我が父」がそれ自体で自明なものとして本来、理解されている。そして、それを基盤にして他の表現が意味をもって語られる。イエスにとっては「父」との関係が直接にそれ自体で経験され、理解されているため、その関わりがイエスのアイデンティティを成し、その自己認識を支えているのである。つまり、「父」という自分自身にとって自分よりも先に存在する方として、自己そのものの起源と存続する基盤として知られているこの「父」と言われる方から発して、自分が自分自身になっているという「子」にとって構成的な起源を意味している。それゆえ「父」は本来、対象存在を指し記述する言葉ではなく、その意味合いにおいて、むしろ「汝」と呼ばれる「この方」への呼びかけである。そこでは「(我が) 父」からの降りと、「(我が) 父」への「応え」としての呼びかけになっているという意図が、根底において常に響いている。

このようにイエスは神を「父」と呼び、また神について語るときに、確かに普通の父親に対する表現を比喩的な意味で神に当て嵌めてはいるものの、その言葉の元来の意味が変容して、もはや数多くいる父親一般に付すものではなくなっている。言うなれば、固有名詞に近い意味で神だけに限定されて付されている。つまり、「父」の意味が無限な完全性に向かって深まり、この意味では神以外に「父」と呼ばれるに値する人はいないということになる。「地上の者を『父』と呼んではならない。あなたがたの父は天の父おひとりだけだ」(マタ二三・九)。

そこからイエスにとって「父」の意味は、御自分とは本来的に関係のない方を指すのではなく、「父」との呼びかけの中に、イエスは同時に御自分をその方の「子」としての理解を意味している。すなわちイエスの語りでは、「子」という自己表現のうちに、御自分に具わる父なる神とのユニークな関わりが言われている。「わたしはひとりではなく、わたしをお遣わしになった父と共にいるからである。あなたたちの律法には、二人が行う証は真実であると書いてある。わたしは自分について証をしており、わたしをお遣わしになった父もわたしについて証をしてくださる」(ヨハ八・一六―一八)。イエスに固有なこうした言葉遣いにおいて、「子」はイエスというメシアの尊称になり、「父」と「子」が互いに向かい合うように、唯一無二に属し合う二人として理解されている。「すべてのことは、父からわたしに任せられています。父のほかに子を知る者はなく、子と、子が示そうと思う者のほかには、父を知る者はいません」（マタ一一・二七）。

「父」との関わりはそれゆえ、イエスにとってはただ外的な起源を指すのではなく、自己意識をその根底から貫く神である。こうした意識論的かつ存在論的な神とのつながりが、イエスの心の基盤を成している。それはイエスにとって、常に神が近くにいて御自分に現存することで最も密接につながるという意味において、「共にいる」（ヨハ一・一）ことを含んでおり、また支えとなっている。この関係が、イエスには他の人――たとえ弟子であっても――との関係よりも深くて親しいものとして意識されており、イエスだけが保つ安心と確信の備えとなっている。「あなたがたが散らされて自分の家に帰ってしまい、わたしをひとりきりにする時が来る。いや、すでに来ている。しかし、わたしはひとりではない。父が、共にいてくださるからだ」（ヨハ一六・三二）。

イエスの一貫したこの自己意識において、その存在論的構造と基盤が彼の人格的な自己意識と不可分的に結びついているので、「父」とのこのつながりは、イエスの考え方、また行いの核と基礎づけになっている。それゆえにイエスはその意識的生活において、常に「父」とのこの一致を――特にヨハネ福音書で強調されているとおり――源とし、自己のうちに中心とし、そのつながりを元にして人々との関わりにおいてそれを実行し、顕わにしている。「わたしをお遣わしになった方は、わたしと共にいてくださる。わたしをひとりにしてはおかれない。わたしは、いつもこの方の御心に適うことを行うからである」（ヨハ八・二九）。

父親から子が、まさに自分自身そのものを得ているのだから、「父」とのこのような関係的一致がイエスの心と人格との軸を成している。それに基づいて弟子としてイエスにつながり、彼から学ぶ者が直接に神の御旨と一体となり、神をその中から知ることに至る。「フィリポ、こんなに長い間一緒にいるのに、わたしが分かっていないのか。わたしを見た者は、父を見たのだ……わたしが父の内におり、父がわたしの内におられることを、信じないのか。……わたしの内におられる父が……業を行っておられるのである。わたしが父の内におり、父がわたしの内におられる」（ヨハ一四・九―一一）。

「父」と「子」が、またそれらの表現のうちに言われている「父」から「子」への派生関係が、ただ存在論的な依存関係ではなく、両側から内的に、いわば人格的に実現されている。両者は互いに向かい合って、知り合い愛し合い、こうして互いの「内にいる」（ヨハ一七・二一）という存在の仕方で、共に意志を交わし合いながら一致しているのである。その派生関係において「父」が原型として先におり、「子」が「栄光の反映であり、神の本質の完全な現れであって」（ヘブ一・一三）、「見えない神の姿」（コロ一・一五）、「父」の完全な「似姿」（コロ三・一〇参照）であり、人間イエスの「肉」（ヨハ一・一四）を通して「神を示された」（ヨハ一・一八）。

六　人のうちに兄弟に直面し、イエスを発見する

イエスにとってあらゆる人間関係は、彼の意識と活動のすべてが「父」といういわば原‐比喩を中心とするところから、その意味と中身に関して明瞭となる。イエスは、神、そしてそこから子である自分を通してあらゆる人に向かい、神との関係を通して人を迎え入れているからである。つまり、起源は「父」であるので、どんな人との関係も「父」との関係を通して理解され、そこにおいて人は、自らをいわば一種の家族関係の中に迎え入れていただく。父親は家庭の要だからである。「だれでも、私の天の父の御心を行う人が、わたしの兄弟、姉妹、また母である」（マタ一二・五〇）。すなわち、人間関係のすべてが父親のもとに成り立ち、「良い贈り物、完全な賜物はみな、上から、光の源である御父から来る」（ヤコ一・一七）。また、「父」との関係が本質的に「父のふところにいる独り子である神」（ヨハ一・一八）から始まり、そこに「御子が多くの兄弟の中で長子となられ」（ロマ八・二九）、その結果、「皆兄弟なのだ」（マタ二三・八）。かくして、

神のうちに御子を通して開かれた「父」から発する恵みの流れがすべての人に及んで、「父」と御子共々の愛の絆によって人々が結び合わされることになる。「父よ、あなたがわたしの内におられ、わたしがあなたの内にいるように、すべての人を一つにしてください。彼らもわたしたちの内にいるようにしてください」（ヨハ一七・二一）。

世界という神の手によって書かれた「本」が、「七つの封印で封じられている」（黙五・一）と言われているのは、世界の自然法則などが複雑で分かりづらいことによるのではなく、人間、つまりその都度の他者が、人にとって読み取り難い謎だからである。「おまえの兄弟はどこにいるか」と神に問われて、カインはまず「知りません」と答えることになってしまう（創四・九参照）。しかし、イエスに顔を合わせることができた人ならば、他人の顔に向かってそれが兄であるキリストの顔だと悟り、その瞬間に封印が「解かれた」（黙五・二参照）。「はっきり言っておく。わたしの兄弟であるこの最も小さい者の一人にしたのは、わたしにしてくれたことなのである」（マタ二五・四〇）。この理解に至った「人々の群れは心も思いも一つにし、……すべてを共有していた」（使徒四・三二）。

第一四章　意味への問い

――宗教哲学の根拠づけのために――

一　意味の探求としての問い

宗教への問い、宗教の起源、宗教の課題と可能性への問いは、世界全体ないし自然全体の存在と法則への問いと同じくらいに根源的であるか、あるいはそうした問いよりもはるかに早く、理性的な思惟の最も古い問いの一つに属している。それは人間の運命や使命、そして人間存在の可能性という点における人間の自己自身への問いである。しかしながら、問う者は自らの無知を知っており、その問いの意味と答えの可能性を知っている。それゆえ、宗教に関する哲学的な熟慮において示されるのは、予備的な知そして宗教が人間の根源的な実践である限り、次の点に関する理論的・実践的な理解の試みである。すなわち、真の人間存在、そして聖なるもの、神的なもの、絶対的なもの、一なるもの、あるいは――それが何と呼ばれようと――宗教によって第一の者、根源的な者と呼ばれる者との一致における生という点である。そこで筆者としては、主として、また可能な限り包括的に理解されているものとして、キーワードに「超越」(Transzendenz)を採用することにしたい。とはいえ、それによって他の名称を排除するつもりはない。

人間が非‐必然的、偶有的な諸事物の場としての空間と時間の感覚的な諸形式を見通すとき、人は永続するもの、本質を問うために、存在と人間存在の本質的なものへと突き進む。ここで問いつつ承認されること、そして意味のより広い世界内的なあらゆる形式は、それが理論的であれ実践的であれ、その具体的・実質的な形態において規定され、留まっている。たとえこれらが法的ないし教義的に確定されたとしても、文化的に条件づけられており、それゆえ変化しうるものである。このことは、この形式が意味の賦与と意味の承認による間人格的な使用において、それらの多様な形態をとった有限な媒介を貫いているのと同様に、無制約的なものを表現することを妨げるものではない。このような意味というものは、多種多様な意味の形態とさまざまな段階において現前化され、行動に移されるが、しかしながらその場合、絶えず有意味性それ自体がもつ絶対的に拘束的な力が前提とされ――例えば「(人間的な)生の意味」に関して――、そしてその意味の形態と内容の解釈にしたがって区別される。だが、まさにそのことによって、意味はもはや相対化できないその優先権において、人間の側からのあらゆる勝手気ままな使用に対して確認され、守られ、それによって根本的には意味それ自体が、それ自体を根拠づける尊厳において承認されるのである。あらゆる特定の宗教に先立って、この無制約性は「聖なるもの」（ラテン語の sacer）という概念において表されている。

したがって、意味の根拠の探求に関する人間的な問いかけが空間と時間を超えて本質的なものへ、それゆえ同時に人間存在の中心へと突き進むとすると、この問いかけは次のような予備理解から出発する。それは日常的には「何（……であるか）」「なぜ」「何のために、何を目的として」と表現される。こうして経験的な所与においてかのものを、つまりそれによってこの所与が真であり、認識可能であることを示すかのものを探求するが、ここから出発する問いかけは、隠されたものないし忘却されたものへと進んでいく。ただしそれは、これらが既知のもののそれ自体で明らかな基盤であることが判明する限りのことである。このように、問うことは理解可能な意味を探求することであるが、意味は所与をその事実性においてその本質と根拠を目指して照らし出し、それゆえにその意味と根拠において洞察され、信頼するに値する生の可能性を人間に開示する。こうして本質的なものへの問いにおいて人間は、時間における現存在の偶有的な事実性から「かのもの」へと、すなわち、自らの意義深さを通して人間にふさわしい仕方で、有意義な仕方で、所与を生きがいのあるものにするところの「かのもの」へと導かれるのである。

こういうわけで、問うことはその意味を現実の推測的な先取りにおいて受け取るが、この現実とは必ずしも直接的にそれ自体で明らかではなく、意味の真理と妥当性の要求において、存在についての理解を可能にするものとして真実であることが確証されるのである。本質的な問いかけは、それゆえ常に人間の真の自己存在の探究を伴い、それとともに遂行される。したがって人間が認識と理解の内的な根拠において、かのもの、つまりそこにおいてあらゆる現実と真理――ゆえに、あらゆる有意味性がその根拠をもっているところのかのもの――を先取りする限り、この問いは同時に自己の思惟の根拠と目標へと立ち還るのであるが、それによって宗教の哲学を遂行するか、少なくともそれを含意するのである。

　確かに宗教哲学は、近代的な哲学的分野の編成においては遅くに、自然宗教、理性的宗教の理論を背景にして十八世紀後半の啓蒙主義において、特別な学科目として地位を固めた。とはいえ、宗教哲学は哲学である以上、必然的に意味と真理への問いをそれ自身において担っているので、人間存在の意味への根本的な問いをその中心的な問題設定を顧慮して理性的に主張しなければならない。このため宗教哲学は、宗教芸術や宗教史あるいは宗教社会学などを始めるべきではなく、哲学的な省察においてそれ自身の問いと方法を解明するために、努力しなければならないと思われる。同様にまた、宗教哲学は古代ないし近代の宗教批判を列挙するよりも、例えば現象学によって支持されたように、実存的・哲学的な人間学の概要を得る努力において宗教の意味を構成的に描くべきものであろう。というのも、あらゆる批判はその対象の予備理解を前提としており、その場合、宗教という対象は根本において肯定的に考えられていたものの、批判の標的となり、その非難のために宗教の根源的な意味において歪曲される危険に晒されているからである。

二　宗教哲学的な問いの意味

ヨーロッパの諸言語において「宗教」に対応する語が由来する「religio」というラテン語の語源的な起源は、一義的には説明されず、そのさまざまな解釈も宗教の理解に資することは少ない。可能な解釈にはかなりの広がりがあるとはいえ、この語によって意味されていることには祭儀、また個人的な信念や社会的な生活における人間と超越、さらに人間と神的なものないし絶対的なものとの関係がある。ゆえに超越との関係は、特別な意味で人間的な探求と問いかけの対象となるが、それは次の二重の理由によっている。すなわち、この超越という概念に含意されている完全性と存在論的な優越性に基づいて、このような関係を受容すること――また同じく拒否すること――は、個々人と社会的な生のあらゆる次元における理解にとって卓越した意義を有することを要求する。しかし同時に、この受容が、認識することと意志することによる直接的な把捉からは遠ざけられており、この隠れているということに基づいて、人間にとって不可避的に理性的な思惟の対象になるということである。

こうして人間は、本能によって決定された動物とは異なり、自己自身を意識し、自由において自己自身を引き受け、また自らの意味において自己自身を決定しなければならない限りで、必然的に生の意味を全体的に、また自己のいかなる行為においても問うことになる。しかしながら、この問いは日常の多様で多義的な経験を通して答えられるのではなく、あらゆる自由な行為が自由に選択される意味によって決定されねばならないのであるから、むしろそうした経験を通して先鋭化されることになる。それゆえ問われるのは、先行する包括的な根拠であり、この根拠から偶有的な状況と目的設定のさまざまな可能性が、人生の意味と自己理解の一つの全体へと秩序づけられる。したがって、すべての理解と意志はかの一なるものを前提とし、この一なるものが自覚的な生の根拠においてあらかじめ与えられたものとして、そして課題として、人間の自己規定と世界理解を導くことを要求するのである。まさに第一の無制約的な意味へのこの問いが宗教において主題化され、しかもその意味への問いに対する答えが、人間存在からのみ生じてくるのではないという仕方で主題化される。というのも、人間存在は世界内的な事実性と偶有性それ自体において、すでに先立って意味連関の中に投げ込まれており、この意味連関は時間と歴史の中で生きる人間にとって、十分に見通すことができないからである。それゆえに、無制約的でいずれにしても肯定ないし否定されるべき意味への人間にとって本質的に課せられた問いは、宗教的な努力の中心と起源を成しているのと同様に、第一の根拠と目標への問いとともに、一人ひとりが世界に対してあらゆる次元で責任を負いうる関係を築くという課題をも包含している。なぜなら、あらゆる生においては陰に陽に主導的な意味が問われ、その意味が――いずれにしても不可避の――決定を可能にし、あるいは命じるからである。

したがって意味の主張と決定は、それ自体で無制約的な意味を通してそれらを正当化させることへの実践的かつ理論的な問いを含んでいる。このような問いは、人間的な認識の制約された視野と意志の限定された力に基づいて、不完全にしか答えることができないため、無制約的な意味との連関は、人間自身の努力があらゆる有意味的な努力の第一の意味の根拠と目標である真の人間存在を担っている第一のものによって導かれ、支えになってほしいという期待や希望、願いを包含する。意味への信頼に導かれた宗教的な生が有している幅広いさまざまな次元についでは、ここでは示唆するのみに留めるが、それは次のような諸問題を含んでいる。すなわち、神的な力と人間の自由意志との協働、人格的で歴史的にのみ把握されうる超越と人間との関わりの問題、摂理と啓示、第一の意味の根拠の人格性、罪（負い目）と赦し・清め、掟、承諾、未来に開かれた約束としての超越への信頼、信仰、自己献身、それゆえの祈りと供犠、そして最後に、神との歴史的な出会いと人間の完成に対する根本的には希望においてのみ応えうる願いと問いかけ――といった諸問題である。これらの諸問題は、無制約的ではあるが歴史的に提供された意味それ自体に関する経験と理解に対する深い自覚から考察され、人格の本質と間人格的な関わりの洞察へと達することができるが、超越と人間について神的存在と人間との競合を通して合理的に対処したり、自由で有意味な人間的活動を排除することによって汎神論的に対処したりすることは、困難であると思われる。

三　精神形而上学と宗教的自己経験

そうは言っても、いかなる意味において宗教が問われるのか、またそれにしたがって、宗教哲学においていかなる意味が認識されうるのかは、人間の根源的な問いに含意されている事柄から認識されうるだろう。それゆえこの問いは、宗教哲学のテーマと方法論に関して洞察可能であることを目標としている。宗教哲学的な思惟は根本的に人間存在の意味への問いと不可分に結びついており、他方、人間が自己を有限な自己意識として見出すのであるから、人間の思惟ないし自覚はその内的、超越的な根拠において根源的で、少なくとも潜在的な仕方で宗教的に規定されている。したがって、西欧の思惟のおそらくは最も根本的な流れは、それ自体としての思惟または思惟の根底に含蓄されるものに対する自覚から、超越についての認識を検討している。これについては、ここでは以下に示唆する程度に留めておこう。このような思惟の足跡は、まずソクラテス以前の哲学者たち、プラトン（Platon 前四二七―前三四七年）の語るソクラテス（Sokrates 前四七〇／六九―前三九九年）において現れる。明確な超越論的省察は、古代末期の新プラトン主義的伝統の偉大な思想家たち、カンタベリー（Canterbury）のアンセルムス（Anselmus 一〇三三／三四―一一〇九年）からクザーヌス（Nicolaus Cusanus 一四〇一―六四年）に至る中世のスコラ学と神秘思想において現われる。ついで近世においては、デカルト（René Descartes 一五九六―一六五〇年）、ヘーゲル（Georg Wilhelm Friedrich Hegel 一七七〇―一八三一年）、そしておそらくそれ以上に、フィヒテ（Johann Gottlieb Fichte 一七六二―一八一四年）において超越論的な「自我」（Ich）ないし有限な精神から出発して方法論的に省察が行われた。二十世紀に至ると、フッサール（Edmund Husserl 一八五九―一九三八年）からレヴィナス（Emmanuel Levinas 一九〇六―九五年）まで省察がなされる。思惟のこうした自己省察は、決して宗教哲学の唯一のアプローチとして主張されるべきではないとはいえ、このような思惟はその哲学的な厳密さと深さに基づいて、人格的な自己の存在と意味の根拠として、超越についての理解に至ることができると思われる。というのも、意味はそれ自体から自らを根拠づけ、正当化し、それゆえ絶対的な性格をもっているけれども、人間の各々の自覚的行為における構成的な基盤として現前するからである。したがって、意味は宗教の本質にふさわしく、有限的な人格や主体と絶対的な超越との結節点を、存在論的、精神形而上学的に、また認識論的に形成するのである。

四　「第一の真理」としての意味の現前

宗教は、実存論的には無制約的で無限定的な意味を分有するための努力から発生するが、そうであるからこそ、人間存在を絶対的な存在と純粋な意味それ自体の現前へと向かう志向性として根拠づける。その際、思惟と理解は、さまざまな見解の部分的で暫定的な任意の試技で枯渇することなく、真理の肯定を通して人間の自己と世界理解に根拠と目標を据えている限り、この思惟と理解にはその起源から言って絶対的な真理と完全性の傾向が具わっている。このため、世俗性に対して開かれているにもかかわらず、根源的には人間の現存在の正当な根拠づけとして宗教的な意味をも肯定できるのである。しかし、思惟は問うことによって意味を探求するに際し、自己自身を意味自体から区別しつつその距離を見定めるので、意味は意識の内在においては意識自体とは異なっていて、意識に先行してこの意識を担うものとして認識される。それゆえに意味は、無制約的に自立しており、かつ自己を根拠づけるものとして措定され、したがって絶対的であると承認されるのである。

なるほど意味の形態は、さまざまな仕方と意味内容において経験され、人間によって展開されていく。だが、その総体的な精神活動が依拠するのは、あらゆる認識と意志に生命を与える意味固有の光が有している真理において、根源的な存在それ自体として自己を根拠づける意味の自己所与性である。意味は、人間によって操作できるものでも、恣意的に決定できるものでもない。それはただ発見されるのみであり、理解において十分に展開されうるものとなる。それゆえ人間は、意味に対して自らの存在の根拠において——確かに受動的ではないにしても——受容的な関係にある。なぜなら意味は、それ自体として、またそれ自体から人間の実存全体を要求し、実存の自発的な自己発展として意味を目指して、実存を呼び起こし、そこから人格的な自己成長を可能にして完成させるからである。意味を受容するという自由な行為において、個々人はその人に可能な提供された意味を分有することで、各々の自己となるのである。それゆえに、人間は自らの人格的同一性を、自分自身に与えられた意味の真理を理解することから正当に根拠づけることになる。意味は、理解することにおいてそれ自体として現れるので、その先行性ゆえにあらゆる認識と意志における自存的な真理として意味の肯定を要求する。このため、意味はその都度、常に修正可能であるにしても、その根源的な姿における意味――つまり絶対的な善――にじっと眼差しを注ぎ、唯一それ自体で有意味な存在を求めるよう――それが宗教のテーマでもあるのだが――人間に促す。有意味なものないし善に進んで合致しようとすることは、人間が意味を受け取る能力のあるあらゆるものや、意味を甘受する存在者に対して自らを開き、微笑んでいる子供から助けを求める重病人に至るまで、意味の担い手である人間に対して畏敬と愛を抱くようにさせるのである。

理解と意志に対して妥当性と同意を要求すると同時に、それらを可能にすることは、意味の本質に属している。それゆえ意味の肯定に際しては、意味は妥当するものとして承認されるが、それによって各々の意味がもつ意味性を担うものを、それ固有の存在と意味において肯定している。その際、肯定する者は自分自身が意味の根拠に存在論的、人格的に依存していることを合わせて承認するのだが、それによって肯定を遂行する際に経験される意味の根拠に基づく無条件の開きにおいて、自分自身の充実を自己超越のうちに見出す。このことは、意味に同意する精神が自分にとってどうでもよい対象ないし命令に立ち向かうのではなく、意味の申し出を正当でそれ自体が有意味でその人を満たすものとして受容する能力を与えられていること、したがって、意味の肯定にはその人が本来的な自己に到達するということを含んでいる。ゆえに意味の肯定においては、本来的に、人間精神の一致と志向的な自己実現としての真理が自己を統合する。このように人間は、意味を認識し、意味に適応し、そして意味の根拠と一つになろうと努める。この宗教的な行為また意味の探究者としての人間は、それを通じて脱自的な関係に入っていくのだが、この関係は実現する力と同じくその正しさにおいて、絶対的な意味の根拠への超越のうちに人間によって常に新たに認識される。先行する意味の根拠への遡行は、根拠づける善の現存に気づきつつ、自己を信頼をもって委ねる絶えざる自己超越として、ゆえに最も独自な可能性の源泉への内在的にして超越的な献身として、自己を表現するのである。

その際、意味は認識を通して個人の中核において自己を実現するが、人間のこうした中心とは、人間性を内的な原点とする人間そのものの普遍的で根本的な本質である。個人としての人間には、意味によって人間としての本質に従って、すべての人間に向かって方向づけられ、肯定的に開かれた人間存在の根底が与えられている。意味を根本的に自らのものとして受容した者は、普遍的にすべての人間に対して積極的に開かれ、人類愛に向かって整えられることになる。かくして意味を受容することによって、人間は少なくとも萌芽的なかたちで、制限のない人間性そのもの、つまり、すべての人間に対する愛を意味の真の有様として認めるのである。このように意味が受容されるならば、意味を主張するにあたりその受容が根源的で真実であるかどうかの指標は、それがあらゆる人間に対して普遍的に開かれ、実行されているか否かということである。

それゆえ、無制約的な意味がその存在論的に真理のうちに、精神の自己関係化を通して思惟にもたらされるとしても、だからと言って思惟と言語の諸形式がもつ歴史的に不可避の諸限界や一面性のゆえに、それが識別不可能なまでに歪曲されることはない。というのも、あらゆる思惟と言語においては、意味はそれ自体から意味の自己現前の出来事としてその根源性への道を意味自体と共にもたらし、それゆえ反省や瞑想、対話においても捉えることができるからである。宗教、したがって宗教哲学的な言説でその再構成が意図していることは、そこから先に - 進んで（in vor-läufiger）しかし根本的な仕方で、絶対的な意味の根源的出来事を理性的で哲学的に根拠づけ、暗示することでしかない。しかしこの意味が、人間の思惟と意志によって提供されうるものではなく、その固有の真理を通して自らを現し、またそれゆえに信仰において意味を受容する人間をも、その人の実存において正当化するのである。このことを示すのが、ディオニュシオス・アレオパギテス（Dionysios Areopagites 五〇〇年頃）と呼ばれる古代末期の匿名の著者の言葉で、中世盛期スコラ学のトマス・アクィナス（Thomas Aquinas 一二二四／二五—七四）が同意して引用する次の言葉である。すなわち、「信仰は、単純で、また常に存在する真理に関わる」（fides est circa simplicem et semper existentem veritatem. ディオニュシオス・アレオパギテス『神名論』第七章。『神学大全』第二—二部第一問第一項異論に引用）。さらにトマスは続けて「ところで、これが第一の真理である。それゆえ、信仰の対象は第一の真理である」（Haec autem est veritas prima. Ergo obiectum fidei est veritas prima）と述べる。この第一の不変の真理は、一方で生が単純な常に持続的な意味をもち、他方でこの意味が、人間のおかげで存在するのではなくそれ自体で存在しており、人間の現存在と共にあらゆる現実性を存在と生において保持しているということである。宗教哲学的な思惟の根本的な課題は、明白な論証でこの理解に導き、そしてそこから自らを展開することになるだろう。

五　意味と根源的な言葉

さて、すべてに先行し、すべてを照らし出すこの第一の真理は、まさにその単純さゆえに多様な仕方で発見され話題にされうるのだが、それはあらゆる人間的、神学的な思惟に先立って絶対的な超越それ自体の語りであり、それゆえその「言葉」からのみ生じるとともに、人間の言葉を通して自らを現す。それが信頼に値するのは、単純で無制約的な意味が考え出され証明されうるからではない。まさしく存在そのものから常に新たに呼び覚まされるがゆえに、注意深く理解する場合、それ自体をそれ自体から伝えているからである。というのも、「理性」(Vernunft) がその根本において関わるのは、あの「言葉」、つまり、あらゆる言葉の初めにあり、あらゆるものを「聞き分け」(Vernehmen)、あらゆる思惟をその理解可能性と人間的な生を保持する力において目覚めさせるあの言葉だからである。「初めに言《ことば》があった。……万物は言によって成った。成ったもので、言によらずに成ったものは何一つなかった。言の内に命があった。命は人間を照らす光〔＝意味〕であった」(ヨハ一・一、三―四)。宗教哲学的な思惟が直面する課題は、この常に現前する単純な根源的真理がもつ意味を、忘却と偽装の闇から救い出し、この真理の光の中に現れるようにさせることである。そして、根拠と目標への問いを通して、この真理のもつあらゆる思惟と存在にとって構成的な機能において、いわば意味それ自身から述べられうるようにすることである。宗教哲学は、それゆえ――常に不完全で、したがって常に新たに敢えてなされるべき――試みであり、この試みは、超越の自己証言である最初の単純な真理を、世界内的な文脈で、「理性」(ratio) の助けによって解読し、一字一句判読することにほかならない。

それゆえ、理性的な意味構築のあらゆる論理に先立って、意味としての存在ないし存在の真理が自己自身を伝達し、啓示する現前性に対する賜物かつ課題として、理解と思惟における人間の側の構成的な受容性があるが、さらには、哲学的な言明がもつ、問いつつ真理を確認する自発性がこの存在の真理に依拠している。このような――フッサールの表現を借りるならば――「受動的総合」(passive Synthesis)が述べうるのは、現れている現実から、それゆえ人間の自己意識の自律的な我(Ego)から基礎づけられるのではなく、意味としての存在の自己贈与として精神の根底に具わっていること、また自らを「言葉」として現前させているということである。思惟においで考えられたこの存在がもつ、あらゆる思惟と言語をあらかじめ照らし出す先行性、この存在の言葉の意味における現存化、そして、あらかじめ与えられた意味のモデルを歴史的に想起するこの存在の占有は、哲学的な理解それ自体において再現されてきた。しかしながらそれは、このような理解が自己を本質的に「第一の真理」として自律的に創造することとしてではなく、それ自体では本質を欠いた白紙(アリストテレス)であり、「第一の真理」の追遂行(Nachvollzug)として知る限りのことである。

その際、宗教は無制約的な意味からあらかじめ提供された条件、また基準として自らを理解するが、この意味が、把握不可能な第一の根源の秘密に信頼して入るように招くのである。宗教の教えと実行において把握されうることは、しかし根本的には、第一の真理がその存在と意味において「それより大なるものが何も考えられえない」（アンセルムス『プロスロギオン』第二章）ところのかのもの、「それより善いものが何も考えられえない」（第五章）ところのかのもの、それゆえ「考えられうるすべてのものよりも大である」（第十五章）ところのかのものとして考えられるべきだということであり、それゆえに、それは理解されるよりも、むしろ祈られ、人間によって恐れられるよりは、むしろそれ自体で愛されるべきだということであろう。かくして精神の注意深い眼差しにとって、あらゆる現実は計り知れない存在の現われ——神現《テオファニー》（ヨハネス・スコトゥス・エリウゲナ〔Johannes Scotus Eriugena 八一〇頃—八七七年以降〕）——であり、それに対する肯定が、この不十分さ自体を承認することによって、繰り返し自らを乗り超えることにある。

宗教哲学は、いかなる宗教的信条の相違や対立にもかかわらず、対話に開かれた態度で共通のロゴスのもとに、しかも根拠づける一者への恒常的な眼差しにおいて、この意味の次元を熟慮するのである。

付録　宣教師としての歩み

——イエズス会ドイツ管区制作動画「ミッションを語る」より——

自己紹介と少年時代のこと

初めに自己紹介をいたします。クラウス・リーゼンフーバーと申します。実家はフランクフルトにありますが、もともとはバイエルン州の出身です。

私のこれまでの人生を少しお話しいたしましょう。私は現在、七五歳です。戦後に育ちましたが、国民学校に通い始めた当初は、まだ戦時中でした。二年間バイエルン地方に疎開した後、フランクフルトのギムナジウムに通って古典語の教育を受けました。そこでギリシア語とラテン語を学ぶことができましたが、特に良かったのはドイツ語の授業です。この授業によって、私は考えることを学びました。数時間を費やして作文を書くことで、ドイツ文学というよりは、人生の根本的な問いに目覚めました。これは成長段階でかなり重要なことだったと思っています。また、上級学年の頃には、カトリック青年同盟(1)の活動にも携わり、リーダーを務めたりもしました。これはかなり興味深い経験ではありましたが、実際には、それほど本質的な影響は受けなかったと思います。

根本決断と人生の意義への問い

私は一一歳くらいから、自分の人生で何をしようかと長い間、考えていました。そして一二、三歳頃からだんだんそれが明確になってきました。最初は、音楽や芸術に興味を持っていました。しかし、やがて宗教的な生活に関心が絞られていき、将来の進路として修道生活のことを考えるようになったのです。ギムナジウムの最後の二学年の間、いやもっと長く三、四年の間は、このことで考え続けました。アビトゥア（大学入学資格試験）を受ける頃になってもまだ、イエズス会に入るべきか否かを決めかねていました。こうして一度、フランクフルトにあるザンクト・ゲオルゲン哲学神学大学(2)で教区司祭の養成を一年受け、そしてイエズス会に入会することを決意しました(3)。これは十分に熟慮した末の、私の人生における根本的な決断だったと思います(4)。修道会に入会したこと、そして日本に行く志願をしたこと――この二つは、人生の中で決定的で

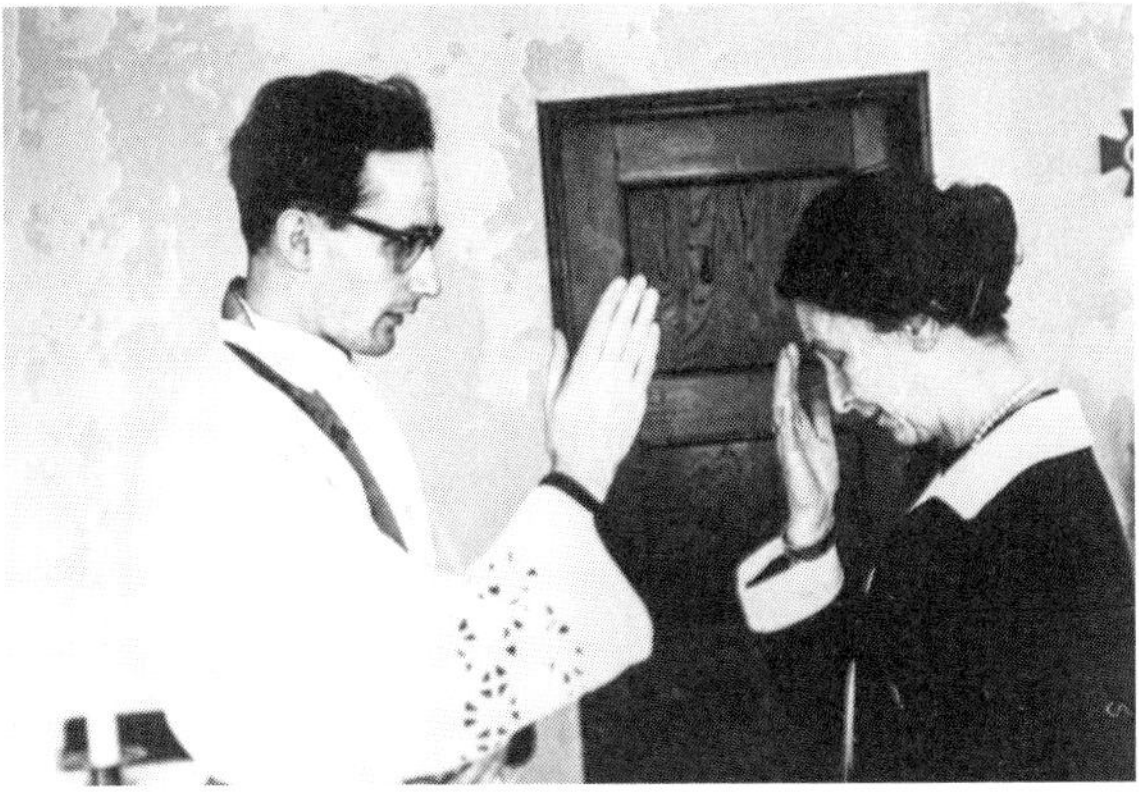

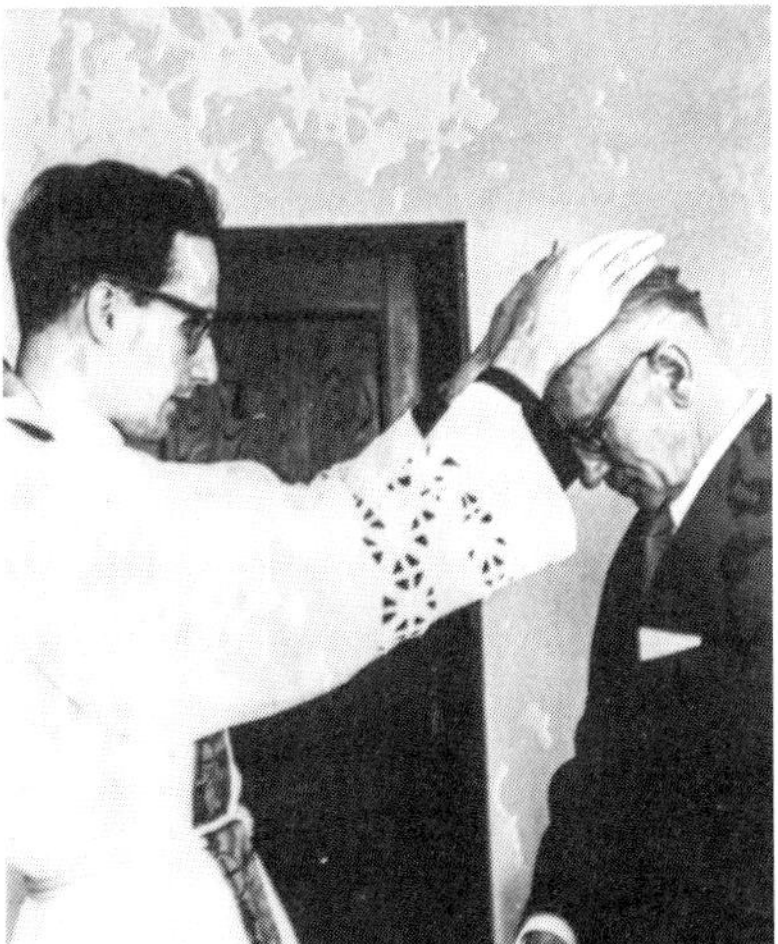

図１　両親を祝福

重大な決断だったと言えましょう。しかし、それは事件だったわけではなく、自分の人生をどう生きるかを落ち着いてじっくりと考え、それが最善であると思ったからです。人生の意義への問い、これは遅くともギムナジウム時代以来の、私にとって非常に根本的な問題でありました(5)。この点に関しては、家族からは特に影響を受けておらず、自分自身のこととして考えました。つまり、この根本決断が私にとって今に至るまで重要であり、自分で判断する限り、よい決断であったと思っています。

イエズス会での養成期間——哲学課程

こうして修道会での通常の養成が始まりました。まず、ヴェストファーレン地方のエリンガーフェルトにある古城の修道院で修練期を過ごしました。落ち着いたとても豊かな時間で、自分自身と深く向き合い、ゆっくりと思い巡らし、静かに祈ることができました。

入会前に一年、教区司祭の養成を受けていたので、修練期は短縮されました。ミュンヘンの近くプラッハで哲学課程を過ごし(6)、そこを修了後、哲学のいわゆる補習教師——当時そう呼ばれていました——として留まりました。講師でも学生でもなく、教授と学生の中間のような立場で、若い学生たちに講義内容を補ったり、討論の場を指導したりする役目です。同時にミュンヘン大学で哲学を専門に学び始めました。一九六二年から一九六七年まで哲学を主専攻に、また心理学と基礎神学、つまり神学を副専攻にしました。先生には非常に恵まれました。哲学では、ハイデガーの弟子だったマックス・ミューラー（Max Müller 一九〇六―九四年）。私自身はハイデガー派では全くありませんが。また、私の在学中に、ちょうどカール・ラーナー師（Karl Rahner 一九〇四―八四年）がインスブルック大学からミュンヘンにやって来て、二年間いました。[7] そこで、私もラーナーの講義を聴くことができ、ゼミナールにも参加して、個人的に話す機会にも恵まれたのです。それが私の神学、思想に強い影響を与えています。同時に自分の研究テーマとして中世哲学、トマス・アクィナス（Tomas Aquinas 一二二四／二五―七四年）を博士論文のテーマに選びました。[8] 思いもよらないことでしたが、これは、その後の日本での活動に大きな意味をもつことになりました。

そして日本へ

ミュンヘンで哲学の勉強を終える頃、日本での仕事を志願しました。それはなぜだったのか、説明するのは、難しいことでした。私は、信仰がほとんど普及していないところに、信仰をもたらしたい、自分の思想的な作業によって何か寄与できないかと考えたのです。キリスト教があまり受け入れられていない国で、キリスト教を理解する基盤を作り上げていくために、何かできないだろうか、と。

当時、私はそのことをイエズス会の総長(9)に直接志願しました。「総長に申し出ようが、管区長に申し出ようが同じことだよ。最終的に決めるのは、どちらにしても総長なのだから」と周囲の人に言われたからです。こうして私は、総長に日本行きを志願したのです。「よいだろう、おそらくそこでできることが何かあるだろう」という返事が返ってきました。こうして私は、日本に来ることになったのです。

来日後、間もない頃のこと

私は、日本についてほとんど何も知りませんでした。文化的な関心もそれ程ありませんでした。しかし、高度な文化をもっていることは知っていたので、それまでの勉学を生かしてキリスト教理解に役立てることができるのではないかと希望していました。

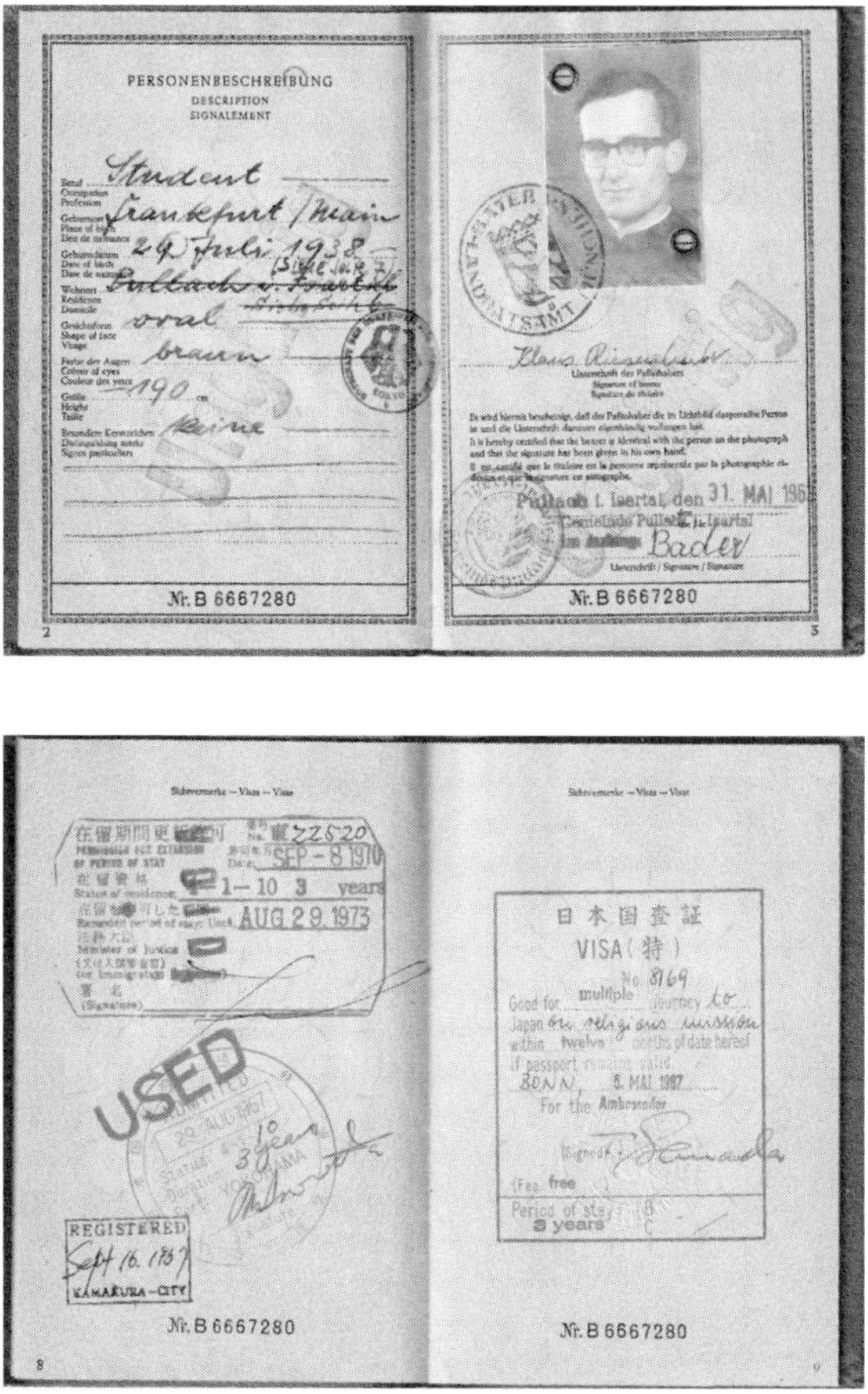

図２　パスポートとビザ

ビザには “Good for multiple journey to Japan on religious Mission …” の記載があり，ボンにて 1967 年 5 月 5 日付。当時の西ドイツ〜ポーランド〜ソ連（ナホトカ）を経て 1967 年 8 月 29 日横浜着，1967 年 9 月 16 日鎌倉在

そこで最初の二年間は、語学学校(10)に通いました。二年間通ったものの、実際には、ほとんど日本語が身につかないまま終わりました。普通の会話もできるようにならず、困難な辛い時期を過ごしました。しかし、私は日本の社会にとても良く受け入れてもらい、教会でも修道院でも人々はとても親切で、次第に打ち解けるようになりました。文化や考え方が全く異なっていても、また言語が完全に違っていても、苦労はありましたが、内的にはとても満足していた時代だったように思います。

語学学校の後、ミュンヘン大学では副専攻にしていた神学を上智大学で履修し、修士課程を修了しました。神学部の大学院生であるかたわら、同時に哲学科では講師として働き始めました。哲学科では教員でしたが、神学部では学生でした。哲学科の学生たちは、哲学が思っていたより易しいことに驚いていましたが、理由は単純です。語学学校で習った程度の日本語では、複雑な事柄を表現できなかったからです。

上智大学での四十年間 ―― 学術方面の仕事

こうして私は四〇年間、上智大学で哲学の教鞭をとってきました。また、大学での本来の仕事

図３　上智大学の研究室にて

図４　ゼミナールの風景

の範囲を超えて、日本のさまざまな哲学者と交流するように努めました。中でも、哲学の諸学会を通じて多くの人々と知り合いました。さまざまな学会に参加して、その設立に積極的に関わったり、学術大会で講演や発表をしたり、論文を寄稿したりしてきました。一か月後には、こうした哲学関係の学会に発表した諸論文を収録した著作が出版される予定です(11)。

このように私の人生の大半は、上智大学での教員生活で占められています。上智大学は、ヨーロッパ的背景をもった世評の高い大学として知られています。少なくともかつてはそうで、特にドイツ的なバックグラウンドを有しています。

私は上智大学に勤め始めた当初から、学生たちと交わりをもつように心がけてきました。聖書を学ぶ会を主宰したり、一九七〇年頃からラサール神父(フーゴー・ラサール Hugo Lassalle 日本名、愛宮真備〔一八九八―一九九〇年〕)のもとで坐禅を始めましたが、彼が健康上の理由で日本に戻って来れなくなってからは、その後を継いで一九八七年より坐禅道場「秋川神冥窟」の主任を務め、今でも何とか続けています(12)。

大学での仕事に、話をもう一度戻しましょう。いくつかの偶然が重なり、私は中世哲学・思想の小さな研究所の所長を引き受け、三〇年間務めてきました。この上智大学中世思想研究所は、今では、日本の中世哲学、神学、中世研究一般を牽引する存在となるまでに成長しました。それ

図５　上智大学哲学会（左から著者，渡部清氏，故大島晃氏）

によって私は、この分野での研究者の間で多少、名前が知られるようになり、その関係でかなり多くの書籍を出版することができました。

研究所を通じてだけでも、協力者と共に七、八〇巻の書物を刊行しています。例えば、全十一巻の教会史、[13]全三巻の霊性思想史、[14]全六巻の教育思想史[15]などです。それらはキリスト教を背景にした精神史であり、日本有数の出版社から刊行できたことは幸運でした。それによって大学という門戸を超えて、広く図書館にも所蔵されて読まれるようになったからです。

また、日本の哲学者、西田幾多郎の研究も手掛けました。機縁で『西田幾多郎全集』[16]の編者の一人となり、他の編者三、四名と一緒に仕事をすることで、日本のアカデミズムにも好意的に受け入れてもらえました。

『中世思想原典集成』について

私が公刊した書物は、その大半が西欧中世に関する研究です。日本では、また日本人の歴史解釈では、中世の時代がほぼ完全に欠落しています。中世関係の書籍を出版することで、中世という時代を人々に意識してもらうことが私の関心事でした。かつて日本で西欧の精神史といえば、この百三、四十年来、古典古代を重んじ、その後はルネサンス期にとんで、デカルトやカントが来るという具合でした。つまり、キリスト教の時代が全くと言ってよいほど看過されていたわけです。せいぜいアウグスティヌスとトマス・アクィナスについての本が、何冊かあった程度でした。

そのような中で、『中世思想原典集成』全二〇巻[17]を研究所活動の一環として出版したのです。中世の文献を中心に各巻千ページ程にも上り、取り上げた著者の総数は二二〇余名、作品数は三三〇余りに及んでいます。それらを日本語に翻訳して簡単な解説を付けました。中世思想入門の代表的な叢書になったと思います。中世とキリスト教の知識がなければヨーロッパ文化を理解

図６　完成した『中世原典思想集成』と共に

することは難しいこと、二世紀から一六、七世紀までのキリスト教的時代の思想的動機は考慮に値するものであり、それは後世に大きな影響を与えていること、こうした意図を示せたのではないかと思っています。

それによって西欧中世が日本人にも注目されるようになり、啓蒙主義的な見地から否定的に見られていた中世像を克服するのに多少の貢献ができたのではないでしょうか。また、これによりキリスト教や教会、カトリックの思想が以前よりも日本で評価されるようにもなりました。それは革命的とまでは言えませんが、私自身もこの方面でかなりの数の論文や著作を発表し、古代・中世哲学史の本で約二万部売れたものもあります。これは教科書としても一般に使われるようになりました[18]。以上が私の学術方面での仕事です。

司牧活動

こうしたことに加えて、大学で教え始めたときから講座や活動グループ[19]を作って人々と交わり、キリスト教に導く仕事を続けてきました。二〇〇九年に大学を定年退職しましたが、こちらの活動は今もまだ続けています。毎晩毎週、社会人と学生――学生は多くはありませんが――に向けて、キリスト教の入門講座、理解講座、黙想や祈りの集い、坐禅の会を実施しています。黙想会や通う霊操、接心なども行っています。毎週土曜日の午前中にはかなり大きな講座[20]を開いており、西欧の精神史、キリスト教哲学と神学の関わりをテーマに三時間程、講義をしています。沢山の聴講者が訪れており、キリスト教徒でない人も多く参加しています。直接人と出会う仕事であり、多くの人たちと個人的にも話すことができ、私にとっては非常に喜びが大きく、励みにもなっています。この仕事はできる限り続けたいと思っています。

こうした活動を通じて、自分の出版物でもかなりの成果を上げることができましたが、一般の読者はそれほど多いわけではありません。なぜなら、哲学と神学の境界にある分野だからで、こ

図７　クルトゥルハイム２階聖堂での洗礼式

れにはミュンヘンでの私の神学研究が非常に役立っています。私は今、これまでの著作物を何巻かに分けて著作集として出版しようとしています。(21) 何よりも私は、キリスト教を精神的な基盤として個々人の人生に導き入れ、キリスト教的な生き方、キリスト教の霊性へ招くことを目指したいと思っています。そこで人々とも内的に深く関わっています。彼らは自分の心を打ち明けてくれます。霊操や接心などを通して、多くの人と触れ合う機会があります。これらは本来の知的使徒職を、黙想と祈りへ直接招くことによって補完するものです。そしてそれは、私にとっても大変喜ばしく、多くの喜びを与えてくれるのです。

日本におけるキリスト教

ここ日本では、キリスト教が根づくのは難しいことです。日本には、キリスト教本来の意味での神の概念も、罪や救済の概念もありません。しかし、いくらか変わってきています。今では神について語るとき、近代のように複数形で「神々」とは言いません。今日「神」という言葉が使われる場合、普通の日本人なら単数形で理解しています。それはキリスト教的な、キリスト教がもっている、キリスト教に非常に近い意味です。

確かにキリスト教はある程度は評価されていますが、未だに外国の宗教と見なされています。日本では、五百年あるいは一千年にわたって根付いた宗教でなければ、せいぜい異国の宗教としてしか認識されません。その限りでは、日本に大きな回心のうねりが生じるのは期待できないかもしれません。しかし、私たちのもとにやって来る日本人の信者は、個別的であり、一人ひとりが固有の道を求めようとしています。彼らは実際、良き信仰生活を送っていて、内的にしっかりとした信仰生活を保っています。われわれドイツ人と変わるところがないのは、確かです。

私たちの活動が、ここで永続する何かを成し遂げたかどうかを言うのは難しい。しかし、日本にとって諸外国との関係、西欧との関係は依然として非常に重要です。日本は過去三百年の間、キリスト教に対して門戸を閉ざしてきましたが、その後、西欧の文化、諸外国の思想、海外の感覚に対して開かれてきました。だからこそ、今後一緒に活動できるのではないか、世界の場で良い協力関係を期待できるのではないかと思っています。

キリスト教は未だにごく少数派にすぎません。けれども、次第にそうした時が来ることを願っています。そのために、できることをやることだと思います。私がここにいた、いるということには、意味があったと思います。これまでの歩みに、私はたいへん満足しています。

註

（1）一九一九年に設立された Bund Neudeutscland
（2）Philosophisch-Theologische Hochschule Sankt Georgen
（3）一九五八年のことである。
（4）クラウス・リーゼンフーバー「根本決断の構造――自由と信仰行為の関連をめぐって」、『クラウス・リーゼンフーバー小著作集Ⅰ　超越体験　宗教論』（知泉書館、二〇一五年）第七章を参照。
（5）同「意義の発見から神との出会いへ」前掲書、第四章を参照。
（6）ベルヒマンス哲学院（Berchmanskolleg, Pullach）を一九六二年に修了した。
（7）カール・ラーナーは、イエズス会司祭でドイツの二〇世紀最大のカトリック神学者の一人。第二バチカン公会議の神学顧問として活躍した。一九六四年、グァルディーニ（Romano Guardini 一八八五―一九六八年）の後任としてミュンヘン大学に着任し、一九六七年にミュンスター大学の教授となるまで教鞭をとった。

（8） Die Transzendenz der Freiheit zum Guten: der Wille in der Anthropologie und Metaphysik des Thomas von Aquin, Berchmanskolleg Verlag, München 1971.

（9） 一九六五年から一九八三年まで第二八代イエズス会総長を務めたペドロ・アルペ神父（Fr. Pedro Arrupe 一九〇七―九一年）。アルペ神父はイエズス会の初代日本管区長（一九五八―六五年）であった。

（10） 鎌倉市十二所にあった日本語学校。その後、二〇〇七年までイエズス会鎌倉黙想の家として知られる。

（11） クラウス・リーゼンフーバー著『近代哲学の根本問題』知泉書館、二〇一四年。

（12） クラウス・リーゼンフーバー「坐禅とキリスト教――愛宮・ラサール神父忌に寄せて（講演録）」、『クラウス・リーゼンフーバー小著作集V 自己の解明 根源への問いと坐禅による実践』（知泉書館、二〇一五年）第三章を参照。

（13）『キリスト教史』（上智大学中世思想研究所編）全一一巻、平凡社、一九九六―九七年（初版は講談社より刊行、一九八〇―八二年）。

（14）『キリスト教神秘思想史』（上智大学中世思想研究所編）全三巻、平凡社、一九九六―九八年。

（15）『教育思想史』（上智大学中世思想研究所編）全六巻、東洋館出版社、一九八四―八六年。

（16）『西田幾多郎全集』岩波書店、二〇〇四―〇八年。

（17）『中世思想原典集成』（上智大学中世思想研究所編）全二〇巻、別巻一、平凡社、一九九二―二〇〇二年。

（18） クラウス・リーゼンフーバー著『西洋古代・中世哲学史』平凡社、二〇〇〇年。もとは放送大学テキスト『西洋古代中世哲学史』放送大学教育振興会、一九九一年。

(19) 霊的生活を深め、信仰生活の実りを目指して共に祈り、考え、支え合うために一九八二年に設立された、カトリック信者から成る「アガペ会」や、使徒職研究会である「アガペ兄弟姉妹会」や、「神学読書会」など。「神学読書会」ではカール・ラーナーの著作がよく用いられた。

(20) 「土曜アカデミー」という講座で、イエズス会日本管区本部の岐部ホールで毎週開催されていた二年サイクルの哲学・神学講座。信者・未信者を問わず多くの学生や社会人が聴講していた。二〇〇九年から二〇一七年まで開講した。

(21) 『クラウス・リーゼンフーバー小著作集』全五巻、知泉書館、二〇一五年。本小著作集については釘宮明美「『クラウス・リーゼンフーバー小著作集』の全巻刊行を記念して」、「福音宣教」二〇一六年二月号（オリエンス宗教研究所、二〇一六年二月）一七―二二頁を参照。

編者あとがき

本書は、二〇一五年十二月に全五巻まで刊行された『クラウス・リーゼンフーバー小著作集』に未収録であった論考を収めたものである。著者のクラウス・リーゼンフーバー師は、これらの文章を書物に纏めることをかねて切望されており、二〇一七年八月に編者がその原稿をお預かりした。その後、著者が健康を損なわれて療養生活に入られたため、作業は一時中断したが、著者の意向を受けて、さらにイエズス会司祭ハインツ・ハム神父の助力をも得て、『キリストの現存の経験』と題して出版に漕ぎ付けることができた。

本書の大半を成しているのは、信仰生活を深めることを目的として一九八二年に設立されたアガペ会の会報「アガペ」の一一二号から一二五号にあたる巻頭言であり、時期的には、小著作集を準備していた二〇一二年から刊行後の二〇一六年の間に発表されたものである。編者が著者から受け取ったオリジナル原稿は、ほぼ完全原稿に近い内容であり、改訂は必要最小限に留めることができた。アガペ会は霊的生活を深め、人生全体を福音の響きとして徹底させるために、共に祈り、学び、支え合うことを旨とするカトリック信者の会であり、百三、四十名ほどの会員から成っている。各種講座以外に、会の活動として年に四回の集い、春と夏の研究合宿、実習プログラムや黙想会などリーゼンフーバー師は、アガペ会を中心に司牧活動に献身され、心血を注いで会員一人ひとりを導いて下さったことが思い出される。

本巻の最後に付録として、イエズス会ドイツ管区が制作した、著者が自らの半生を語った動画の内容を翻訳して写真と共に掲載することができた。宣教師としての著者の足跡が分かる貴重な資料となるに違いない。リーゼンフーバー師は、この動画の中で「人生の意義への問い」がギムナジウム以来の最重要課題であったこと、修道会への入会と日本行きの志願をしたことは自己の「根本的な決断」であったことを述懐されている。本小著作集の第一巻『超越体験』の第四章「意義の発見から神との出会いへ」ならびに第七章「根本決断の構造――自由と信仰行為の関連をめぐって」で展開される思想が、著者自身の実存の問題として若き日々に萌芽していたことが窺い知れる事実と言えよう。それは本書の第一四章「意味への問い――宗教哲学の根拠づけのために」において、意味の根拠への探求という飽くなき思想的営為によって締め括られ、円環を成している。

本書の出版にあたり、イエズス会からの出版許可や掲載写真の手配など諸手続きに関して、上智大学名誉教授ハインツ・ハム神父がご尽力くださったことに深く謝意を表したい。口絵の写真が示すように、ハム神父と著者と故ケルクマン神父は、一九六七年に三人で一枚の航空券を使って来日され、爾来五十余年にわたり日本の福音宣教のために献身された。本書の刊行は、著者と、著者の健康を親身に案じておられたハム神父との間の友情の産物のようにも編者には思われる。さまざまな意味で困難だった作業に伴走して支えてくれた友人と、既刊の他巻と同様に聖書引用箇所の照合をはじめ、常に快く懇切なご協力を賜ったハイデガー研究者の上田圭委子氏に心から感謝を申し上げる。そして何よりも、本書の出版をご快諾くださり、『クラウス・リーゼンフーバー小著作集』全五巻の後に、さらに第六巻として世に送り出してくださった知泉書館の小山光夫社長の変わらぬご厚情と編集者の松田真理子氏のご尽力に衷心より御礼申し上げる次第である。

本書が著者の生きた証として、学術と信仰、霊性と実践の稀有な融合による豊かな福音の実りをこの地に齎すことを願いつつ。

二〇二〇年十二月二〇日

編　者　識

初出一覧

初出出典は以下のとおりである。単行本に収録するにあたり、文意の取りづらい箇所や誤字脱字の修正、表記の統一といった必要最小限の改訂を行った。

第一章　愛《アガペ》と選択《えらび》（会報「アガペ」一一二号の巻頭言、二〇一二年四月一五日）
第二章　規範であるキリスト（同一一三号の巻頭言、二〇一二年七月二一日）
第三章　心の根底（同一一四号の巻頭言、二〇一三年一月二六日）
第四章　神の柔和とやさしさ（同一一五号の巻頭言、二〇一三年四月二〇日）
第五章　父と子と聖霊（同一一六号の巻頭言、二〇一三年六月三〇日）
第六章　イエスの目指したこと（同一一七号の巻頭言、二〇一三年十月二〇日）
第七章　神の顕れであるイエス（同一一八号の巻頭言、二〇一四年一月二五日）
第八章　キリストの現存の経験（同一一九号の巻頭言、二〇一四年五月三〇日）
第九章　沈黙の勧め（同一二〇号の巻頭言、二〇一四年八月二九日）
第一〇章　神の喜び——人間の喜び（同一二一号と一二二号の巻頭言、二〇一四年一二月一八日、二〇一五年三月一〇日）

第一一章　神の名――人間の名　（同一二三号の巻頭言、二〇一五年五月二三日）
＊原題は「神の名――人間の名（第一部）」であり第二部を構想していたと思われる。
第一二章　神の似姿　（同一二四号の巻頭言、二〇一六年五月三〇日）
第一三章　神をどう語りうるか　（同一二五号の巻頭言、二〇一六年七月二〇日）
第一四章　意味への問い――宗教哲学の根拠づけのために　（日本宗教学会編『宗教研究』第九〇巻別冊第七五回学術大会紀要特集〔二〇一七年三月〕一三―二〇頁）
＊本稿は二〇一六年九月九日に早稲田大学で行われた日本宗教学会第七五回学術大会の公開講演会テーマ「宗教哲学の根本問題」の当日配布資料に基づく。原文のドイツ語を矢内義顕氏が翻訳し、著者と矢内氏による検討を経て作成されたものである。収録にあたって若干の改訂を行った。
付　録　宣教師としての歩み　（Missionare im Gespräch: Klaus Riesenhuber SJ in Japan, Jesuitenmission Deutschland. Japan-Missionare im Gespräch heute: Filmporträtreihe der Jesuitenmission 2014. https: //vimeo.com/90518857　翻訳は鈴木敦詞・釘宮明美による。）

人　名　索　引

聖書人名

固 有 名

事 項 索 引

あ 行

か　行

さ　行

た　行

な　行

は　行

ま　行

や　行

ら・わ　行

クラウス・リーゼンフーバー

〔Klaus Riesenhuber〕

1938年ドイツ，フランクフルト生まれ。1958年イエズス会入会。1962年 Berchmanskolleg, Pullach, Lic. phil. 1967年 Ludwig-Maximilians-Universität München, Dr. phil. 同年来日。1971年司祭叙階。1972年上智大学，Lic. theol., M.Div. 1989年上智大学，神学博士。
〔職歴〕1969年上智大学文学部専任講師。1974年上智大学文学部助教授，同大学中世思想研究所所長（-2004年）。1981年上智大学文学部教授。1990年秋川神冥窟（坐禅道場）主任。2009年上智大学名誉教授。ほかに，放送大学，東京大学，九州大学，東北大学，東京都立大学（現首都大学東京），早稲田大学，慶應義塾大学などで教える。

〔キリストの現存の経験〕　ISBN978-4-86285-327-1

2021年1月15日　第1刷印刷
2021年1月20日　第1刷発行

著　者　リーゼンフーバー
発行者　小　山　光　夫
印刷者　藤　原　愛　子

発行所　〒113-0033 東京都文京区本郷1-13-2
電話03（3814）6161 振替00120-6-117170
http://www.chisen.co.jp
株式会社 知泉書館

Printed in Japan　印刷・製本／藤原印刷